心理学基礎演習 Vol.3

松浦 均
西口利文
【編】

観察法・調査的面接法の進め方

ナカニシヤ出版

まえがき

　昨今，多くの大学で「心理学科」あるいは心理学関係の学部や学科が新しく設置されるなか，心理学を志す若い人が増えていくことは大いに歓迎すべきことである。私たち迎える側としても，心理学を学ぼうとする多くの学生諸君が，大学できちんと心理学を修得して卒業してもらうことを切に願っている。

　そのような考えや期待から，多くの大学では，心理学を体系的に履修していくためのより適切なカリキュラムの構築に力を注いでいることであろう。そして，そのカリキュラムの中に，必ずといってよいほど「心理学の研究法」に関する基本的な実習や演習が設定されていることだと思う。その理由は，「心理学」を修得していくうえで，また卒業研究等を自分で行っていくうえでは，座学の講義を受けるだけでは不十分であり，やはり研究の方法を学ぶ必要があるからである。知識は座学から得られるところが多いであろうが，研究をするとなると，自分で実際にデータを取って分析まで行わなければならない。そのためには，実践的な実習授業を通して，研究方法を学んでいくしかない。

　ところで，大学の学部レベルで「心理学の研究法」に関する基礎的な実習や演習を行う際，その受講者数，教室の形態，教える側が設定する要求水準，必要な時間の確保，設備の整備状況等の要因によって，実習や演習で実施できる事柄に制約も多いのが実情であろう。そういう意味で，心理学をこれから学習していこうとする初学者，特に大学1年生や2年生を対象とした実習授業をどのように行うかは思案するところである。

　初学者に対しては，専門的な内容や高度な分析技法を理解修得することを目標にしているわけではないし，いきなり学術論文を読んで理解することを要求しているわけでもない。むしろ心理学を勉強したくて入学してきた学生諸君に対して，心理学のおもしろさをいかに理解してもらうかということに重点が置かれている。そこで，まずは徹底的に基礎的なところから始めようという趣旨から，そのことを具現する初学者向けのテキストを作ろうという目的で，本書シリーズが企画された。すなわち，すでに刊行されている心理学基礎実習テキストシリーズのVol.1「心理学実験法・レポートの書き方」とVol.2「質問紙調査の手順」は，この目的に基づいて編まれた一連のテキストであり，本書はその第3巻として，心理学の研究方法の中の「観察法」と「調査的面接法」について書かれたテキストである。

　さて，「観察法」と「調査的面接法」は，最近の心理学研究の中ではともに必ずしも多くの研究で取り入れられている手法ではない。むしろ少数派といえよう。それは，これらの研究法が，きわめて素朴な手法であるにもかかわらず，時間がかかったり，面倒だったりするからかもしれない。それに，一度にたくさんのデータを取ることが困難という側面もある。量的なデータではなく，質的なデータを扱うため，統計的な分析にもあまり乗ってこないということもある。地道に見たり聞いたりして，やっと得られたわずかなデータから，何らかの法則性を見つけ出すのは，確かに難しいことである。

　しかし，対象をよく見る（観察）ということと，人に尋ねてみる（面接）というこの素朴な研究方法は，頭の中に思い浮かんだふとした疑問をとりあえず解決するために，私たちが普段からやっていることなのである。この作業の延長として考えたとき，よく観察すること（じっくり見る，何度も見る，ある観点から深く見る，など）で，実は今まで考えていたこととは異

なる事実を発見できるかもしれない。また，人によく聞いてみること（直接聞く，じっくり聞く，深く聞く，細かく聞く，など）で，質問紙調査では把握できなかった個々人の本当の内面を表に引っ張り出すことができるかもしれない。本書において，この2つの研究法をセットにした理由はここにある。いろいろな研究法があるなかで，最もベーシックなスタイルである「観察」と「面接」について，そのおもしろさに気づいてほしいと思っている。

　本書は，この2つの研究方法を修得してもらうために，何度も言うが，徹底して「基礎的なこと」にこだわった。すなわち，これらの心理学研究を実践していくために必要となる事項について，本当に丁寧に述べている。ある意味で，随分お節介なマニュアルともいえるが，使い方によってはワークブックあるいはノートブックたりうるものを目指したつもりである。

　そもそも，「観察」も「面接」も，それ自体がとても楽しいことなので，心理学を勉強する人にとって，一度は経験しておくべき研究法だと思っている。そしてまた，研究であるからには，きちんと計画を立てて，手順どおり進めていくことが重要であるので，素朴に「見る」とか，地道に「聞く」ということに関しても，研究者としての基本的な姿勢を，初めのうちに学んでおいてもらいたいという願いも込められている。

　最後になったが，本書は，ナカニシヤ出版の宍倉由高氏に，本シリーズの企画についてご相談申し上げたことを契機にスタートし，ここに出版の機会を得たものである。ご支援を賜ったことに深く感謝申し上げる。また，山本あかねさんには，本書シリーズの作成に関して，全面的にサポートをいただいた。紙面をお借りして，ここに感謝の意を表し厚く御礼を申し上げる。

平成20年2月
編者

目　次

まえがき　*i*

序　はじめに …………………………………………………………………… 1
1. 本書の構成と授業の進め方　1
2. 観察法について　2
3. 調査的面接法について　2
4. 質的データの示し方について　3

第1部　観察法

1　観察法とは …………………………………………………………………… 7
1. 「観察」とは　7
2. 観察することの意味　8
3. 観察法の特徴　9
4. 観察形態について　10

2　観察の手法 …………………………………………………………………… 12
1. 時間見本法　12
2. 事象見本法　14
3. 参加観察法　16

3　観察の練習 …………………………………………………………………… 17
1. 時間見本法の練習課題　17
2. 事象見本法の練習課題（その1）　20
3. 事象見本法の練習課題（その2）　22

4　観察テーマの設定と予備観察の実施 ……………………………………… 24
1. 観察テーマの探し方　24
2. 予備観察を行う　25

5　記録用紙の種類と観察カテゴリーの設定 ………………………………… 30
1. 記録用紙の種類　30
2. 観察カテゴリーの設定　33

6　観察の実施 …………………………………………………………………… 35
1. 観察実施の際の留意点　35
2. 観察実施後の留意点　36

7　観察データのまとめ方 ……………………………………………………… 38
1. 観察データの整理にあたっての基本姿勢　38

        2. 記録用紙の形式に応じた整理の手順　39
        3. 整理されたデータの統計的処理　42
        4. レポートの作成　44

第2部　調査的面接法

1 **調査的面接法の概要** 49
   1. 調査的面接法とは　49
   2. 調査的面接法の分類　51
   3. 調査的面接法の過程　53
2 **研究テーマの決定と適切な面接法の選択** 54
   1. 問題意識を明確にする　54
   2. 調査目的を決める　55
   3. 適切な面接の選択　58
3 **面接の企画とシナリオの作成** 60
   1. 質問項目を考える　60
   2. シナリオの作成　62
4 **面接の準備と実施** 65
   1. 面接の準備　65
   2. 面接の練習　66
   3. 面接の実施とトランスクリプトの作成　68
5 **面接結果の整理** 70
   1. 結果の整理のアウトライン　70
   2. 結果の整理のポイント：開かれた質問の分析がカギ　71
6 **面接法の全般的な留意点** 75
   1. 面接の企画から実施，結果の整理まで　75
   2. 面接結果の文章化（レポート・論文）　76
   3. より面接法を知りたい人に　78

第3部　質的データの示し方：心理学実践現場での実例紹介

1 **臨床面接法の実際例** 81
   1. 事　例　81
   2. 事例の解説　83
2 **調査的面接法の実際例** 85
   1. 面接例①　85
   2. 面接例②　87
   3. 面接例②から読み取れること　88
   4. おわりに　88

3 発達研究における質的データの示し方 …………………………………… **90**
1. 子どもの発達研究とは **90**
2. 発達研究の質的データ **91**
3. 子どもの記録の書き方 **92**
4. 行動記録の手順と方法 **94**
5. 実践事例(卒業研究で行った複合事例) **97**
6. 子どもの行動をどのようにまとめるか **99**

索 引 101

序
はじめに

　何かを知りたいという特別な好奇心を抱かなくとも，人間の頭の中は普段から小さな好奇心で溢れ返っているはずである。もとより心理学を学ぼうとする読者ならなおさらであろう。

　もし，その好奇心がわいてきたら人間はどうするだろうか。1つの答えは，その対象について「見たり」「聞いたり」するということであろう。実は，これが研究の出発点なのである。

　人間が生きていくうえで，五感はとても大切なセンサーであるが，中でも視覚は大変大きな役割を担っている。対象が何かを知るための最初の手段として，視覚が使われることが多いからだ。つまり，何らかの対象を「見る」こと（知覚すること）から始まり，その対象が何であるのか認識する（認知する）というプロセスを経る。さらに，ある疑問を解決しようとする場合に，誰かに「聞く」ことも多いだろう。それで解決するならば，その方法を取ることはごく普通のことである。

　このように「見る」ことと「聞く」ことは，何かを知るうえで，最も基本的な手段といえる。心理学研究でも，この2つの手段は，研究法としても大変重要である。本書は，この「見ること（観察）」と「聞くこと（面接）」についての研究法を修得することを目標に書かれたものである。実習形式の授業を通して，この2つの研究方法のエッセンスを体得してもらいたい。

1. 本書の構成と授業の進め方

　本書は，以下のとおり3部の構成により編集されている。

　第1部は心理学研究法の1つである「観察法」について，第2部は同じく「調査的面接法」について，第3部は「質的データの示し方」として，観察法や面接法における質的データをどのように提示していくのか，心理学実践現場での実例紹介である。

　また，本書は，1回2時間の実習授業の14〜15回分を想定して作成されている。すなわち，「観察法」も「調査的面接法」も，だいたい6〜7週間程度の授業時間で実施していくくらいの内容量である（もちろん，それぞれの研究法を半期で実施してもらってもかまわない。特に観察や面接の実施に十分な時間を取ることを考えれば，その方がベターと考える）。

　そういう意味で，両研究法とも，研究を始めるところから，研究の実施，実施後の結果のまとめ方という順に章立てがなされている。つまり，その週のその回で行うべきことが各章ごとに記されているので，それにしたがって実習を進めていけばよい。

　授業に関しては，グループを構成して，各グループで研究テーマを決めて実施していくことを想定している。グループ構成は，授業の履修者数にもよるが，1グループだいたい6人程度が適当である。観察の場合は，テーマによっては観察現場での人員配置にある程度の人数が必要になってくるからである。面接の場合も，ある程度のデータ数を確保しようと思うと，インタビュアーの人数は多い方がよい。

　以後は，各グループ単位で行動していくことになるが，相互に役割を分担する際には，グループの他のメンバーに迷惑をかけないよう，フリーライダーを出さないよう，各自が責任をも

って行動することが求められる。

　本書は，実習の進め方については，きわめて丁寧に，また親切に書かれてあるが，何を観察するかとか，何を尋ねるかということについては，各グループメンバーが案を出し合って決定していくというスタイルで書かれてある。したがって，これらについては，各自が積極的に考え，アイディアを出し合って，議論をしていかなければならない。教員はアドバイザーとしてかかわることになるが，基本的には受講学生の自主性が尊重される。あらゆる面で，積極的な行動が期待されている。

　観察や面接の実施後は，データを整理して分析し，結果を考察するところまで行うことになるが，初学者とはいえ，きちんとした実習を行えば研究として十分に意義深いものが完成することであろう。本書では，特に量的データにおける統計的な分析は考慮していないので，データ分析において高度な手法は要求していないが，必要であればさまざまな分析手法も取り入れればよい。そのあたりは教員がサポートを行う。

　なお，本書の執筆者たちの大学で行っている実習授業では，毎回，グループごとにその進み具合について全員の前で発表してもらっている。自分たちのグループの進捗状況を毎回確認しながら，他のグループの研究についても知ることができる。また発表自体がプレゼンテーションの練習にもなっている。そして，観察法も面接法も，実習授業の最終回は全体発表会として研究報告の時間に充てている。個人レポートも課しているが，自分たちのグループでやってきた研究をグループでまとめて報告することで，実践的な実習の総仕上げになると位置づけている。

2．観察法について

　観察法は，特に言語的に情報をやりとりできない対象について，深く追究するための手段として有効である。たとえば，赤ちゃんや幼児を対象とした研究をするには必須の方法である。心理学の分野を超える場合もあるが，動物などの生き物を対象にする場合も，研究の第一歩は観察である。さらに，人間の社会的な行動も，実験や質問紙調査でも記述していくことはできるが，街中での不特定多数の人の行動パターンや，自動車のドライバーたちの交通行動を明らかにする場合など観察法が大変有効である。

　要するに，質問紙調査や，ここで取り上げる面接による調査法が，直接観察できない人間の意識などの心の内面を明らかにしようとする手法であるのに対して，観察法は，対象が人間ならば，その外に現れた行動から，その意味や目的を推測していく手法である。外に現れた行動自体は，現実のことであり事実であるから，これを忠実に記録してデータを蓄積していくことで明らかにされた行動傾向や法則性は説得力がある。そういう意味で，観察によってしか明らかにできないこともあるのである。

　その観察の方法であるが，観察の手続きにはいくつかの種類があるし，心理学における方法論として体系的に確立しているものがある。本書では，これらのうち初学者に対する実習授業にかなう適切な方法を，課題に取り組むという形で提示している。各自で，オリジナルの研究課題を設定して，積極的に取り組んでいただきたい。

3．調査的面接法について

　面接とは，面接者が被面接者に何かを尋ねることである。つまり，人間同士のコミュニケーションとして日常的に行われていることでもある。しかし，通常のコミュニケーションでは，相互のやりとりは何の制限もなく自由に展開していくものであるが，面接となると，問いかけ

る人と，それに答える人と，役割が決まっていることが一般的な形である。

この役割があること自体が，面接をきわめてフォーマルなものにしているわけであるが，たとえば医師が患者にいろいろ症状を尋ねる行為は，そういう意味で面接そのものである。また臨床心理学における相談場面も，技法はいろいろあるとはいえ，基本的にはカウンセラーがクライエントを面接する形で行われている。

本書で取り上げる調査的面接は，半構造化された面接であり，先の例では医師の診察行為に近いものかもしれない。つまり，尋ねることを前もって用意しておき，それに基づいて回答を引き出していく方法である。被面接者は，尋ねられたことについて自由に回答していくことになるが，この調査的面接の最大の特徴は，その面接において何を明らかにしたいのかという，明確なる目的があるということである。心理学の研究法としての面接法であるから，人間の心理や行動を記述することが最終的な目的である。被面接者個人に対して，より深く，より広く，その内面にあるものを引き出してくることで，人間を説明していこうとする方法といえる。

第2部において，面接者（＝研究者）側における基本的なスタンスや，しかるべき手順等，詳細な説明がなされているので，各自の研究テーマに基づいて，被面接者から有効なデータを引き出せるよう，積極的に取り組んでいただきたい。

4．質的データの示し方について

本書で説明する観察法や調査的面接法の手順は，基本中の基本の話であり，これらを修得したのちに，本格的な研究へ踏み出していくことになるのだが，第3部で紹介されているような面接や観察を行えるようになるまでには，心理学の各領域の専門的な知識が必要であり，方法論のイロハを聞いただけで何とかなる話ではない。実習において方法論を修得すると同時に，各人が目指す専門領域の勉強を同時にしっかりとやり，研究目的に合った適切な方法を考案してもらいたい。

さて，心理学研究の方法論として，観察法や面接法を多用する領域は，主に発達分野と臨床分野といえる。すなわち大人数における一般的傾向を把握することよりも，個人レベルの事例的検討が必要とされる分野である。したがって，量的データよりも質的データの必要性が高く，質的データをどのように示していくかが重要になってくる。

発達分野においては，研究対象の乳幼児に調査法が通じるわけがないので，観察法が主となることが多い。さらに，心理学の研究法である「検査法」が行われることも特徴の一つである。検査によっては，その内容として面接（聞き取り）や観察が含まれているので，数字で示されるデータの他に，文字などで記録された質的データもたくさん含まれている。検査の場合には，面接においては構造化された調査的面接であり，観察においては観察観点や基準がきちんと定められている。第3部の第3章に発達研究例が紹介されているので参考にしてほしい。

一方，臨床心理学における事例研究の多くは，面接のプロトコル（面接者と被面接者のやりとりを記録したもの）が示されている。まさに会話記録であり，文章で表記される。豊富な知識と経験の蓄積がないと，これらのデータから何が読み取れるのかなかなかわからないが，研究者は，データの流れを追いながらクライエントの心理状態を読み取っていくのである。

いずれにしても，質的データを扱う分野の研究においては，研究法の基本を身につけていなければなかなか対象の本質には迫れないという特質がある。質的データの示し方として，本書第3部において，臨床的面接，調査的観察，発達研究における面接と観察の事例が示されているが，これを見てわかるように，質的データは，やはりじっくりと腰を据えて取り組まなければなかなか扱いきれないということである。要するに，奥が深いのである。

第1部 観察法

1

観察法とは

1.「観察」とは

　鳥は，どうやって空を飛ぶのだろうか。虫は，どんな生活をしているのだろうか。鳥や昆虫について一定の知識をもっていない人が，これらの問いについて頭で何かを考えようとしてもおそらく無理であろう。これらの答えを見いだすためには，鳥や昆虫をまず「見る」ところから始めるしかない。

　動物学者や昆虫学者は，研究対象をひたすら観察し，それら対象の行動を記録していく作業を積み重ねてきた。その結果，動物や昆虫がどのように生きているのかが明らかにされてきた。

　観察対象が人間であっても，もちろん同じことである。たとえば「人間はどのように歩くのか」という問いに，すぐに的確に答えられる人などほとんどいないのではないだろうか。左右の足の運び方，前後の足の出し方など，自分の身体感覚として自ら認識することは可能であるが，それを言葉で説明するとなると大変に難しいことである。だとすると，やはり実際に人間の歩き方を，まずはよく見てみる（観察する）ことが必要であろう。そして，よく観察するうちに，人間の歩き方がだんだんわかってきて，言葉で的確に説明することも可能になってくる。観察を重ねるうちに，人によって歩き方が異なることもわかることだろうし，健康によい歩き方やそうでない歩き方もわかるであろう。早足で歩くときと普通の速さで歩くときとどこが違うのかということもわかるだろう。さらに，歩き方と走り方にも違いがあることがわかるので，陸上の選手が，もっと速く走れるようになるにはどうすればよいかということも，説明できるようになる。

　このように，いろいろな事象を言葉で説明しようと思ったら，最初にやるべきことは，その事象を「よく見る」ことである。よく見ることによって物事の本質がわかってくる。その証拠に，私たちが経験的に知っていることの多くは，見て知ったことではないだろうか。何かで聞いて知った知識もたくさんあるだろうが，「百聞は一見にしかず」という諺にもあるように，実際にそのことを自分の目で見ることによって，より正確に，より深く理解できるようになったのではないだろうか。

　ところで，事象や対象を「よく見る」ためには，そこに大いなる意識を注ぐことが必要である。しかし，実際は，それほど意識をしてなくても，たとえば親しい友だちのことなどは普段からよく見ていたりするものである。いつも一緒にいる相手を見て「あれ，いつもとちょっと違う」と感じたりするのは，普段からその人のことをよく見ているからである。それに，気になる相手のこととなれば，ちょっとした変化にも敏感に気がつくものである。それは普段から相手の仕草や行動を「よく見ている」からだといえる。

　一般に，ある特定の対象を何らかの目的をもって見る行為を「観察」というが，さまざまな学問がそうであるように，心理学においても，まず観察することが重要である。外に現れた個人の行動を観察して，その個人の内面にあるものを推測する。そして次の行動を予測していく。

心理学の方法論として，至極当たり前の方法である。そこから心理学の研究が始まるといってもよいくらいなのである。

2．観察することの意味

　心理学の研究方法としては，「実験法」「調査法（質問紙法）」「検査法」，それから「面接法」などがあるが，「観察法」も研究方法の大きな柱のひとつである。

　心理学の研究法としての観察法とは「人間や動物の行動を自然な状況や実験的な状況のもとで観察し，記録し，分析して，観察対象の行動の質的・量的特徴や行動の法則性を解明する方法」（中澤，1997）のことである。観察対象が人間である場合，その観察の目的は，人間がどのような場面でどのような行動をするのかということについて，一定の条件下での行動の特徴や法則性を見つけ出すことである。言い換えれば，「ある特定の場面では人間はこのような行動をするであろう」といった予測を可能にする説明を行うために観察をするのである。

　ところで，人間行動について考えるとき，ある1人の人間を，ごく短い時間観察しただけでは，一定の法則性を見つけ出すことは無理である。できれば多くの人間を対象にして，ある程度の長い時間をかけて観察する必要がある。つまり，ただ一時見ただけでは，その事象について，偶然に起きている状態をたまたま見ただけなのか，一定の条件下で蓋然的に起こっている事象を見ることができたのかどうかがわからない。したがって一時的に見た結果を説明することは，恣意的で主観的なものとなってしまう可能性が高い。客観的な説明をするためには，多くの事象を観察することが必要であり，また継続して何度も長い時間をかけて観察することが重要である。これによって，観察データや観察結果についての信頼性と妥当性が向上するのである。

　次に，別の観点から観察の意味について述べておく。それは「経験的に知っていることが，本当にそうなのかどうか検証するために観察する」ということである。私たちが経験的に知っていることは多いが，そういう事象が本当に起きるのかどうか，起きているのかどうか，実はきちんと調べてみないとわからないものである。たとえば，今年の女性ファッションにおける流行色は紫色だといわれているとして，デパートのディスプレイでは確かに紫色の洋服が飾られてあるし，街で紫色の服装の女性をよく見かけると感じたとしても，本当に紫色が流行しているのかどうか，実際に調べてみないとわからないのである。この場合の調べ方としては，単純に観察することが最も適している。つまり紫色の服装をしている女性の数をきちんと数えてみればよいということである。ただし「紫色が流行している」ということはどういうことか，はじめに定義しておく必要がある。つまり，どれくらいの母数に対して，どれくらいの割合なら「流行」とするのか決めておくことが必要である。これについても恣意的に決められないので，何らかの客観的な基準を用いて定義する必要がある。もし他の色も同じくらいの割合で現れているのであれば，「紫色が流行している」といってよいのかさえ怪しくなる。さらに，「今年の流行色」という限り，去年の状況と比較して「確かに今年は紫色が多い（＝統計的に有意に多い）」という結果が出てこなければいけない。このように考えると，観察は，「実態調査」でもある。実態はどうなのかということを把握するだけでも，観察は大変有効な方法なのである。

　ところで，きちんとした観察研究を行うならば，観察実施前にいろいろな準備をしなければならない。たとえば，どのような観点で観察をするのか，どのような対象や事象を観察するのか，そしてどのようなデータを取ってくるのか，といったことをあらかじめ決めておかなくてはならない。心理学における研究法としての「観察」には，一定の手続きや手順がある。それらを踏まえてこそ，きちんとした観察が可能となるのである。

3. 観察法の特徴

(1) 直接観察ができるものを観察する

まず，観察の対象となるものは，直接に観察が可能なものである。

たとえば，個人の心の中の状態は直接観察できるものではないので，観察対象として取り上げることはできない。しかし，その人の顔の表情は，直接観察が可能なものなので，観察対象となりうる。つまり，その人の顔の表情から心の中を推測することはできるかもしれないが（日常的にはそういうことを私たちは確かにやっている），ここでは，顔の表情がどうなのかということが観察の対象であり，そしてそれを記録していくわけである。したがって観察の段階では，表情から推測された心の状態を記録することはない。

観察法では，観察者のまさに目の前で起きている対象の今のそのままの状態を観察することが鉄則である。そして，それを忠実に記録したものが「観察データ」である。顔の表情については，「笑っている」とか「泣いている」といった状態が観察であり，それをデータとして記録できるが，そこから，その人の「嬉しい気分」とか「悲しい気分」というような感情状態を（勝手に判断して）記録することはしない。これらは直接に観察できない個人の内面的なものであり，質問紙調査法や面接法，検査法などの研究法によって明らかにされるものである。

(2) 観察対象や事象の「あるがまま」を観察する

観察法の中では，最も主要な方法である「自然観察法」は，観察対象における自然のあるがままの状態を観察することであり，以下のような特徴をもっている。

観察対象の「あるがまま」の状態を維持確保するために，観察対象への介入はあってはならないことである。したがって，観察対象に付随するもろもろの背景的要因や環境的要因を，観察者が勝手に変えることはしてはいけない。同じことであるが，観察者が観察対象や観察対象の周辺的要因を作為的に操作することもしてはいけない。そういう意味では，観察をしていることを，被観察者に気づかれることもよくない。気づかれることで，観察対象の行動に変化が生じるからである。観察対象への人為的な操作や一切の制約をしないで，日常の自然に生起する行動を観察記録することが求められるのである。

このような観点から，他の研究法との相違について述べるならば，たとえば実験法は，実験室の中で特定の状況を人為的に作り出して，そこでの人間の反応を記録していく方法である。したがって実験室での実験は，決して「あるがまま」ということではなく，むしろ日常的な社会的状況で作用している余計な要因が混入しないようにして，確かめたいある特定の要因の働きだけが作用するように人為的に統制された条件下での人間の行動や反応を記録するものである。また，調査法，心理検査法，面接法などでは，研究者と対象者とは，言語的なチャンネルを介してコンタクトし，そこで一定のやりとりを行う。その時点で，対象者の「あるがまま」の状態とはいいがたくなる。観察法では言語的なやりとりは行わないし，基本的に観察者と対象者とは直接に接触することはない。

しかし，自然の「あるがまま」の状態を観察することは，決して簡単なことではない。たとえば，観察すべき対象者の自然の行動が，すぐにいつでも見られるとは限らないからである。動植物の観察にいたっては，対象とする動物が目の前にすぐに現れてくれるとは限らないし，植物の変化の過程などは，人間の生活リズムの中の時間の速さにおいて確認できるものではない。つまり，観察対象が人間であっても，対象となる行動や状態をいつでも観察できるとは限らないし，場合によっては，行動が生起するまで根気よく待たねばならない。また待っていても生起するとは限らないのである。

なお，上記の「自然観察法」以外の観察方法もある。それは「実験的観察法」である。観察したい対象行動が生じるように，その環境や状況を観察者の側で統制しておいて，その中で生起する対象行動を観察する方法である。いわゆる前述の実験室での実験の方法の中で，被験者の反応を観察データとして取っていく方法は実験的観察法の一例である。また，屋外フィールドに出ていって，どのようにゴミ箱を設置したときに最も分別が進むかというようなことも，ゴミ箱の設置の仕方を変えて観察をするとなると，これは実験的な観察である。

(3) 質的データ

後述する観察記録の仕方によるところがあるが，観察のデータは，基本的には質的データといえる。つまり，量的データがもっている数量的な性質をもたないデータである。もう少し簡単にいえば，物差し（尺度）の上に乗らないデータである。心理学研究のデータの多くは，量的データである。たとえば，質問紙の項目に5段階の評定で回答するという場合，回答された評定値は，物差しの上の値であるので，「1」よりも「2」の方が尺度上の得点として「大きい」といえる。尺度上の量的な特性をどの程度もっているかということを「測定」しているわけである。

これに対して，質的データは，評定値のような量的な差異を示すものではなく，質的な差異を示すものである。たとえば血液型は質的な変数であるが，「A型」「O型」「B型」「AB型」のように，質的に4つのカテゴリーに分類されるものである。物差しの上で連続的に変化する性質はもっていない。さらにいえば，血液型においては，所定の性質をもっている場合に，たとえばそのことが「A型」として認められるということであって，「A型」の「A」に何らかの特定の意味があるわけではない。「A」は記号として，そのカテゴリーを代表しているにすぎないわけである。観察の記録にも，数字を使うことはあるが，多くの場合，その数字は，やはり何らかのカテゴリーに分類する際の記号としての役割しかもっていない。したがって，数字で記録したデータだからといって，そのカテゴリカルな数字に大小の区別はないし，それらの数字を足し合わせたり平均値を計算したりすることはできない。

観察記録を取るという場合に，このように何らかの観点による分類カテゴリーを複数用意しておいて，そのいずれかに該当する場合にチェックして，その数をカウントしていく方法はよく行われるものである。そこで用意されたカテゴリーは，カテゴリー間で相互に独立している必要があり，その意味でも，質的な差異を明確にしているわけである。

それから，質的データとしては，観察したことを自由に文章で記述していく場合もある。日記をつけるときのように，記録を文章で綴っていく場合もある。たとえば，ある教員の授業の観察記録をつけるというときに，授業全体の様子を文章で記録しておくのはよくあることである。その授業の全体の流れとか，その授業におけるいくつかのポイントとか，文章にしておいた方が後で読んでもよくわかるものである。これがいくつかのカテゴリーに該当するかどうかチェックをつけていく方法で記録されたとすれば，後で見ても，どのような授業であったのか全体のイメージを把握することは難しいであろう。

したがって，観察する対象や事象によって，それに合う記録の方法をよく考えなければならないが，記録されるデータは，質的なデータであるということを認識しておく必要がある。

4. 観察形態について

(1) 非参加観察

観察を行う際に，前述の「自然観察法」のような方法をとる場合，観察者が観察対象に接触したり，観察状況に介入することはできないわけであるから，観察者は被観察者から見つかっ

てはいけないことになる。すなわち，被観察者に対して観察者の存在を明示せず，観察されていることを意識させないように観察を進めていくことが必要である。このような観察方法は，非参加観察とよばれ，観察状況の中では，あたかも黒子のように，その状況に参加しないように振る舞わなければならない。

とはいえ実際の観察の現場では，非参加観察を貫くためにはある程度の工夫が必要である。たとえば，繁華街で歩いている人の服装を観察するという場合，観察場所の人の多さや，人の流れなどには注意が必要である。多くの人が立ち止まることなく一定の人の流れに乗って歩いている場所で，観察者がそこでじっと立ったまま記録用紙に記入している様子はいかにも不自然であり，不審者扱いされても仕方がない。このような極端な例はないにせよ，自然観察を実施するために観察者の立ち位置を決めるのは意外と困難を伴うものである。そのため観察記録を取るためにビデオカメラ等の記録用の機材を使う方法もある。たとえば交通状況を観察記録する際に危険を避けるためにカメラで撮影することや，動物の観察のために適切な場所にカメラを設置しておくことは，観察方法として検討してよいことである。ただ，その場合でも被観察者側がカメラに気がついて，いつもと違う行動をとるということは十分考えられるし，カメラの撮影ですべての状況が把握できるとは考えない方がよい。カメラは決して万能ではない。

また，大学等の屋内の実験室での観察では，中での様子をガラス越しに観察ができたり，マジックミラーを通して観察するなどの方法もとることができよう。

（2）参加観察

参加観察は，被観察者に対して観察者の存在が明示され，直接的に観察する形態である。したがって自然観察法にはあまり向かないが，観察状況に観察者が入り込んでも，十分観察が可能な場合があるし，観察者が観察場面に参加していくことで，より詳細な観察が可能となる。

たとえば，プロのドライバーの自動車の運転の仕方を観察するという場合に，ドライバーの了解をとって，隣の座席に座って観察させてもらうことで，最も有益な情報が得られるであろう。プロの運転による車の挙動を見るには外から観察しないといけないが，運転技能を観察するためには，車に乗り込んで見せてもらうことになる。この場合，被観察者であるドライバーには，観察者の存在を認識させることで観察による不安を喚起したり，評価される懸念を抱かせたりする可能性がないわけではないが，よほどのことがない限り，観察者が横にいても，介入的なことをしない限り，いつもと同じ運転を披露してもらえると考えられる。

このように，参加観察を行う場合も，観察状況に参加するからといって，その状況に対して作為的に観察対象の変化を引き起こすことはあってはならない。逆にいえば，観察状況に観察者が参加しても，観察状況に介入する可能性がきわめて低い場合や，観察対象者がいつものように振る舞ってくれる可能性が高い場合に，この観察形態は可能であるといえる。

また，先の例のように，微細な行動を観察しようとする場合は，どうしても遠くからでは明確に見えないので，対象に近寄らなければならない。観察対象によっては，参加観察の形態をとらざるをえない場合もあるということである。

文 献

中澤 潤（1997）．人間行動の理解と観察法 中澤 潤・大野木裕明・南 博文（編著）心理学マニュアル観察法 北大路書房

2
観察の手法

　観察法には，方法論の確立している観察手法がいくつかある。本章では，主な観察手法である「時間見本法」と「事象見本法」と「参加観察法」について述べる。これ以外の観察手法もあるが，ここで想定する基礎的な実習では，この3つの手法を理解しておいてほしい。

1. 時間見本法

　電車やバスを待っている人や，誰かと待ち合わせをしている人に視線を向けてみると，携帯電話を黙々と操作している人たちの姿をしばしば見かける。ここであなたが，ある場所で待ち合わせをしている人たちのうち，携帯電話を操作している人たちの割合がどの程度かについて知りたいと思うならば，操作している人たちとそうでない人たちの人数を，その場で数え上げれば，おそらく大体把握することができるであろう。
　しかし，携帯電話を操作している人たちの様子について，時間をかけてじっくりと観察してみるとどうだろう。電車やバスなどを待っている間中，携帯電話を操作している人もいれば，一時的に操作した後で，すぐにカバンにしまい込む人もいるだろう。あるいは，一度操作した後で，携帯電話から視線をはずしながらもそれを手に握りしめ，しばらくしてから再び操作をするといった人も見かけることがあろう。このように，数分から数十分間継続して，同じ人たちの観察を行ってみると，個々の人々が，さまざまな形で携帯電話を操作しているという実態が浮かび上がることであろう。
　もし，あなたが関心をもった人間の行動が，携帯電話の操作に関するこうした事例のように，時間の経過に伴って，さまざまな変化が予想されるものであるならば，観察する方法にも工夫が求められる。こうした事例に対する観察手法として知られているのが，時間見本法とよばれる手法である。
　時間見本法は，タイムサンプリング（time sampling）ともよばれる。この手法では，まず対象となる人物を観察し，その様子を一定の時間，記録するという一連の手続きに関して，最小作業時間を設定する。この最小作業時間を「1単位」と見なす。そして，「1単位」に相当する観察および記録の時間を事前に決めて，これに基づき作業を行うのである。
　さてここで，あなたが，電車を待っている人に見られる携帯電話の操作の様子を，時間見本法に基づいて観察を行うことになったとしよう。そのためには，事前に，観察時間に記録時間を考慮して「1単位」を明確にしておかなければならない。ちなみに，ここでは観察場所の都合上，ビデオカメラなどの録画機器には一切頼れないケースを想定することにしたい。
　「1単位」に含まれる観察時間を決める基準については，必ずしも明確なものはない。個々の研究目的に応じて，適切な「1単位」を決める必要がある。このケースの場合は，「人が携帯電話を操作し始めてから操作を終えるまでの最小単位となる時間はどのくらいか」について考えて決めるとよいだろう。もっと一般的な言い方をすれば，「観察対象となるある行為が始まってからそれが終わるまでの，おおよその最小単位となる時間はどのくらいか」を考えて決

めるとよい。ただし，極端に短い観察時間を設定してしまうと，現場での記録の作業が煩雑になり，困難になることにも注意してもらいたい。以上を踏まえて，このケースでは，「1単位」の中での観察時間を，10秒間とすることにしよう。

次に，記録時間を設定しておく必要がある。記録時間は，観察対象から目を離さなければならない時間を意味する。ここでは，ビデオカメラなどの録画機器に頼れないような観察を仮定しているため，重要な現象をなるべく見逃してしまわないよう，時間をとりすぎることは避けたい。とはいえ，あまりに短い時間を設定してしまうと，現場でたいへん苦労することになる。そこで，観察を行うあなたが，あらかじめ観察と記録の訓練をしておくということも考慮に入れて，ここでは記録時間を5秒間に設定することにしたい。これにより，図2.1のように，観察時間10秒間，記録時間5秒間の合計15秒間が「1単位」に相当する作業として決められたことになる。観察の現場では，この「1単位」の観察時間ならびに記録時間を踏まえながら，観察→記録→観察→記録→観察→……を行っていくのである。

それから，時間見本法の観察に限らず，他の多くの観察方法にもあてはまることだが，記録の作業が効率的に行えるようにするためには，より良い記録用紙を用意しておくことも必要である。自由記述によって記録するといった方法もあるが，初心者にはなかなか難しい。そこで，時間見本法や，次に説明する事象見本法のように，あらかじめ観察対象となる行動が明確である場合は，チェックシートを作成しておくことが望ましい（5章を参照）。一般的なチェックシートは，1／0サンプリングといわれる記入方法をとる様式となっている。簡単にいえば，ある行動が生起したら，1点として「✓」や「○」印で記録し，生起しなかった行動は0点として空欄のままにしたり，「×」印で記録したりするというものである。

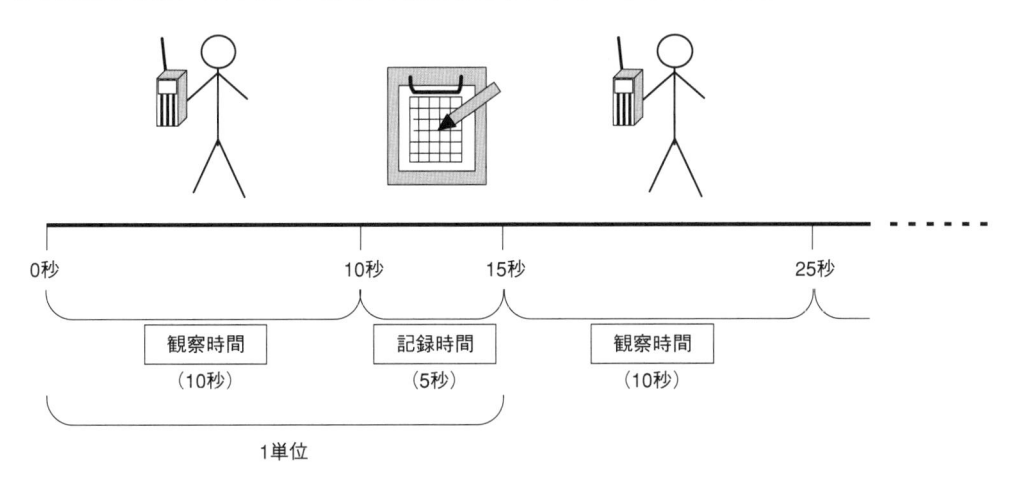

図2.1　時間見本法の例（その1　観察時間の幅を決めた方法）

さて，こうした手続きで観察を進めるとなると，ある「1単位」に含まれる10秒の観察時間の間で，「携帯電話を操作していた行動から，操作をやめる」という推移が見られることがあるだろう。こうしたケースにおいて，どのようにチェックシートへの記録を行うかは，あらかじめ決めておいた方がよい。たとえば，「6秒間は携帯電話を操作し，4秒間は操作をしていなかった」とする場合，10秒間のうちの多くを占めた時間の行動を1点として，そうでない行動を0点とするといった方法がある。また，10秒間の中で，一瞬でも見られた行動はすべてチェックしておき，得点化の際に，それぞれのチェックに対して，0.5点などの得点を配分するといった方法もある。

ところで，観察対象となる行動が，長時間にわたって大きな変化のないことが予想される場

合は，時間見本法でも，ポイントサンプリングを行うとよい。ポイントサンプリングは，ある時間の幅を「1単位」として，これを作業のための時間的な基準とする点では，先の携帯電話に関する図2.1の方法と同じである。しかし，携帯の操作に関する観察のように，「10秒間」といった時間が観察対象となるのではなく，ある観察する時間のポイント（1時点）のみが観察対象となり，そのポイントと次のポイントとの時間の幅を決めて観察を実施するのである（図2.2）。こうした方法を行うケースとして，次のような場合が想定できる。たとえば，大学には，学生が自習などに利用できる多目的ルームなどがあるが，学生たちがこの場所をどのように利用しているかについて，観察によって理解したいとする。一度入室した学生たちは，数秒単位で退出したり利用方法を変えたりするということはまずないので，先の携帯電話のケースのように，秒刻みの観察計画を立てる必要はない。そこで，こうしたケースでは，3分間隔あるいは5分間隔などで観察のポイントを定め，各ポイントでの学生の行動について観察し，記録するといった方法がとれるのである。いわば，各観察のポイントで，観察対象を写真で撮り，そこに映った行動を記録するような手法といえる。

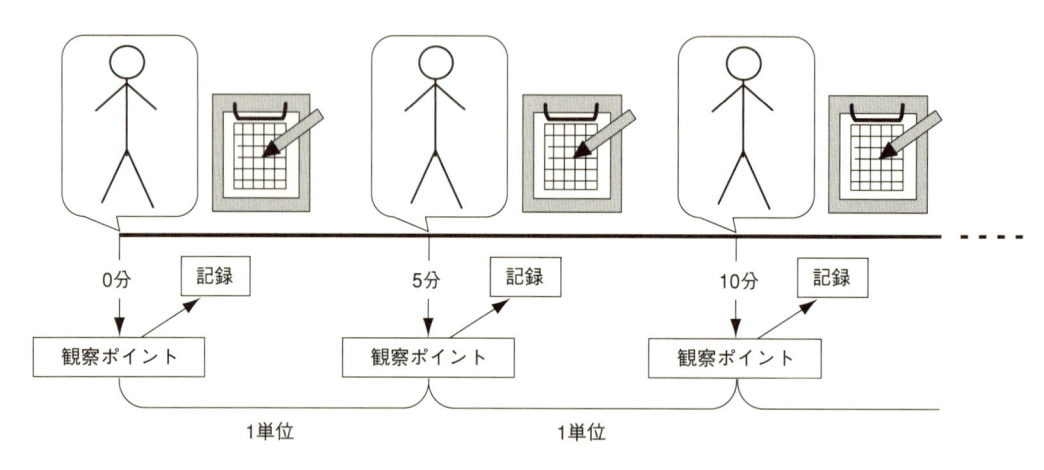

図2.2　時間見本法の例（その2　観察ポイントを決めた方法）

2. 事象見本法

　事象見本法とは，イベント・サンプリング法（event sampling）ともよばれ，観察対象となる行動の生起頻度を数える方法である。

　観察対象となる事象そのものが，時間の経過とともに刻々と変化する性質のものであれば，前述の時間見本法による観察が必要となってくるかもしれないが，設定した観察カテゴリーに基づく行動が，カテゴリーごとに独立したものであり，その対象行動が安定的なものであれば，事象見本法による観察を行えばよい。簡単にいえば，ある特定の時間と空間の中で，ある特定の行動がどのくらいの頻度で生起するのかといったことについて調べる際の観察手法である。

　たとえば，大学生の服装に関する今年の流行について調べたいというときに，キャンパス内の適当な場所から，学生が登校してくる時間帯に，学生の服装スタイルについて，カテゴリーごとに分類してカウントしていくといった方法が，これに該当する。学生の服装スタイルは，あらかじめいくつかのカテゴリーに分類しておいて，それぞれのカテゴリーの内容および設定した要件に合致していれば，そのカテゴリーに含まれるものとしてカウントしていく。最終的にカテゴリーごとに該当数を集計すれば，大学生の服装における今年の流行が見えてくるというわけである。

観察場所を適切に選べば，たとえば女子学生の多い文系学部の前と男子学生の多い理系学部の前とでは，男子学生の服装スタイルにおいて異なる結果が出てくるかもしれない。また同じ条件設定で，大学間の比較も可能である。観察の仕方を考えれば，いろいろな傾向を見つけ出すことができるであろう。

　また別の例を挙げると，大学生の摂食行動について，大学生が普段どのような昼食を摂っているのか調べたい場合には，学生食堂に出かけていって何を食べているか観察すればよい。定食なのか，麺類なのか，パンなのか，インスタント食品なのか，コンビニの弁当なのか，持参した手作り弁当なのか。それぞれカテゴリーに分けて数えていけばよい。観察の結果，暑い日には「ざるそば」を食べている学生が多く，寒い日には「きつねうどん」を食べている学生が多いとか，男子学生は定食を食べる者が多く，女子学生はパンを食べている者が多いといったことがわかるかもしれない。

　事象見本法では，上記の例のように，カテゴリーを決めてそれぞれ該当する数を数えればよいということで，比較的簡単な方法にみえるかもしれないが，留意しなければならない点はたくさんある。詳細は後の章を参照してもらうとして，いくつかの留意点を簡潔に述べておく。

　第1点は，観察事象を適切にとらえるべく観察カテゴリーを設定することである。大学生の服装スタイルの例に関していえば，「今年の流行」を調べるという目的に即して，服装スタイルをどのようにカテゴリー設定していくかは，十分に検討しなければならない。妥当なカテゴリー設定がなされていなければ，観察データの妥当性はなくなってしまうからである。カテゴリー設定においては，カテゴリーの内容の検討はもちろんのこと，観察観点の数やカテゴリーの数も留意しなければならない。カテゴリー数が少なすぎると大雑把なことしか把握できないし，カテゴリー数が多すぎると，観察実施の際にチェック項目が多くなり，記録が困難になる。記録用紙（＝チェックリスト）を作成する際に，このあたりのことは解決しておく必要がある。

　第2点は，観察する場所や時間帯をよく吟味することである。学生食堂での食事の様子を観察する例でいえば，広い食堂の中で，全部の学生を対象に観察するということは不可能であろう。食堂の中をうろうろしながら記録していくのもよい方法とはいえない。したがって，観察者側で，広い空間を見えない線で切り取って，どこからどこまでを観察対象エリアとするのか決めておくなどの工夫が必要である。また1時間ほどの昼休みの時間帯の全部を観察しようとしても，授業終了直後のきわめて混み合う時間帯に観察することはたいへん困難である。反対に，午後の授業前の空いた時間に食堂に出かけていって観察をしても，大学生の昼食の様子を的確に把握することはできない。事象見本法の観察を行う場合は，フリーな状態にある空間と時間を，観察者側が適切に判断して切り取っていく作業が必要なのである。

　第3点は，観察状況の背景にある要素を事前に把握しておくことが重要であるということである。観察者側で空間と時間を適切に切り取るときに，その背景に何があったかということをきちんと押さえておく必要がある。たとえば，寒い日だったのか，暑い日だったのか，週のはじめの月曜日だったのか，授業がほとんどない土曜日だったのか，といったことである。流行の服装スタイルを大学キャンパス内で観察する場合と繁華街で観察する場合とでは観察結果が異なる可能性がある。夏と冬とでも結果は異なるであろうし，去年と今年とでも結果は異なるであろう。つまり，それぞれの観察結果は，背景の要素によって左右される部分が大きいので，どのような結果を予想するのかとか，どうしてそのような結果になったかについて考える場合に，必ず背景にある要素の影響を考慮しなければならないということである。

3. 参加観察法

　私たちの世界には，芸術やスポーツなどで優れた活躍をしている人たち，匠，プロフェッショナル，職人などとよばれる，いわゆる高度な技術をもつ人たちがいる。私たちは，こうした「超人的」とか「神わざ」などというべき高度な技術をもつ人たちに対して，あたかも「別世界の人間」のようにとらえたくなったりもする。しかし，こうした人たちにも，初心者だった時期が必ずあったのは事実である。そして重要なのは，そうした技術をもっている人たちは，何らかの振る舞いや，ものの見方や考え方を大切にしながら，現在に至っているということである。

　おそらく，高度な技術を獲得するまでには，ある特定の練習，訓練，修行などといわれることを心がけてきたことだろう。あるいは，習得した技術を使う局面にあるとき，作品に向かい合うとき，グラウンドやコートでボールや対戦相手を待ち構えるときに，独自の視点や考え方，あるいは技を発揮する道具を使う際の独得な工夫がなされていることだろう。私たちが，その人たちの技術を習得することができるかどうかは別として，高度な技術をもった人たちが，どのような行動や認知的活動を展開してきた，あるいは現にしているのかについては，彼らが人間として具体的に行ったり考えたりしているという事実を踏まえることにより，ある程度までならば理解することができるものと思われる。

　ただし，そうした人たちの話を聞いたり，著書を読むだけでは，十分には理解できないことも多い。たとえば，野球選手が，打者としてヒットを打つときの技術として，「投手の側に壁を作る」ことが大切だといわれることがある。同じ野球選手であれば，そうした言葉の意味をある程度は理解することができるようだが，そうした経験がないと，その言葉の意味を本質的に理解することはきわめて困難である。野球選手のこうした言葉から，彼らのものの見方や考え方を少しでも本質的に理解しようとするためには，できるだけ同じ立場に身を置いて，打者としてバットスイングの練習をすることが必要なようである。

　参加観察法とは，このように高度な技術をもつ人間をはじめ，職場や学びの場などのさまざまなフィールドで活動している人間の営みにおいて，いかなる行動が展開され，それに伴った認知的あるいは情意的な心理的活動が展開されているかについて理解するための研究手法である。「参加」という言葉にもあるように，関心のある活動をしている人たちを，外から眺めるのではなく，あくまでその人たちと同じ目線で活動に参加することを前提としているのが，この手法の大きな特徴である。

　参加観察法においては，あらかじめ決められた観察の観点が織り込まれたチェックシートを持ち込んで観察に取り組むことはなじまない。フィールドで活動をしている人たちと活動に参加することにより，彼らの何気ない行動や言葉から読み取れることや，自らが一緒に活動をすることを通じて思わず気づいたことこそが，その活動を理解するための重要なデータとなるからである。

　そこで，参加観察法は，観察を協力してもらうフィールドの人たちとの間での信頼関係のもとで行うことが必要であるのはもちろん，非常に多くの時間をかけた取り組みが必要である。しかし，こうしたことに留意しつつ粘り強く行うならば，関心の対象となっている人間の現象に対して，きわめて高いリアリティーをもった知見を得ることができる。また，これまで研究者によって注目，着眼されてこなかったような，興味深い研究仮説を生成するきっかけとなる知見を得ることも期待できる。

3 観察の練習

「観察」を実際に体験してもらうために、いくつかの練習課題を挙げておく。
心理学の研究として、失敗のない観察を行うには、観察対象の見方や記録の仕方など確実に身につけておく必要がある。本番の観察実施の前に観察の練習を重ねておくことが重要である。ここで挙げる練習課題は、実習授業の時間を利用して行うもので、基本的には、5～10人程度のグループで実施してもらうことを想定している。大学の実験室や講義室、あるいは屋外のキャンパス内でできる課題を用意しているので、どれかを選んでやってみてほしい。

1. 時間見本法の練習課題

練習課題　自己紹介（スピーチ）をしているところを観察する

実習授業でのグループメンバー同士で、お互いに自己紹介をして（あるいは何か話題を決めて、一定時間のスピーチをする）、その様子を観察してみよう。1回の観察セッションを6分に決めて、話者となった被観察者の「行動」や「表情」を6分間観察し、時間見本法により記録する。

グループのメンバー数に応じて、以下の手順に基づいて、観察者、被観察者（＝自己紹介をする人）、タイムキーパーの3つの役割をそれぞれ経験してみよう。

なお、記録用紙については、その作り方に関して第5章で詳細が述べられるので、ここではごくシンプルなものを用意して示しておく。それでは、以下に課題実施の手順を示す。

（1）課題実施前の準備

実習のグループメンバーは、この課題では3人以上必要である。4人以上の場合は、役割のある3人以外は、被観察者のスピーチをただ聞いていることになるが、必ずしもそうではなく練習課題をやっている状況をすべてその場で見ていることになる。つまりそのこと自体、その様子を「観察」することになるので、役割を実行している3人の様子をよく見ておいてほしい。

①スピーチ内容を決める

被観察者となった人には、自己紹介ということで、6分間何かしゃべってもらう。ただし、話題が途切れて6分間スピーチが継続できない可能性もあるので、被観察者が話しやすい特定の話題をグループで決めてから始めてもよい。

②役割を決めて、順番を決める

3つの役割がある。「被観察者（＝話者）」「観察者（＝記録者）」「タイムキーパー」である。順番を決めて、ローテーションにより、全員が3つの役割を経験する。

③ **観察に必要なものをそろえ，観察環境を整える**

基本的には，講義室や教室などどこでも実施できる課題であるが，話者の位置，観察者の座席位置，タイムキーパーの位置などをきちんと決めておく。机などを動かして場所のセッティングを行う場合，同じ実習を受けているグループすべてが，同様の形態で実施できることが望ましい。なお，隣り合うグループ間で，話し声などが干渉しないように配慮すること。

準備するものとしては，筆記用具，記録用紙，カテゴリー表，ストップウォッチなどである。

④ **記録方法等を周知してから始める**

記録用紙への記録の仕方については，時間見本法の場合，すばやく記録する必要があるので観察を始めるまでによく理解しておくこと。特に記録すべきカテゴリーの定義およびその内容は，しっかり頭に入れておく必要がある。

（2）課題の手続き

自己紹介スピーチ行動について，6分間の時間を設定し観察する。ただし6分以内で自己紹介スピーチが終わってしまったら，その時点で観察を終了する。

観察は，1単位15秒とする。15秒のうち，最初の10秒を観察時間，後の5秒を記録時間とする。タイムキーパーは観察者の後ろに立ち，ストップウォッチを見ながら観察時間および記録時間を区切り，小さな声で「観察してください」「記録してください」と言って観察者に指示する。合計6分間であるから，24単位の観察となる。

観察者は，タイムキーパーの指示にしたがって，1／0サンプリングによる観察を行う。記録時間になれば記録用紙にチェックを行う。観察時間10秒の間に，同じカテゴリーの行動が2回以上出現しても，チェックは1回だけ行う。「発語・発声」のような「有無」のチェックの場合は，1単位間に1回でも発語や発声が見られたら「有」にチェックする。顔の向きと表情については，最も優勢だった行動を1つ選びチェック欄に記録することとする。

（3）結果のまとめ方

チェックリスト記録用紙に基づいて，被観察者の自己紹介スピーチ行動について結果をまとめていく。1グループの合計人数分の観察記録をまとめて，自己紹介スピーチの様子の観察単位ごとの比較，あるいは被観察者ごとの個別比較をしながら，自己紹介スピーチの仕方の傾向などを見いだしていく。

チェックされた数を数値データにして，いろいろな分析が可能である。話題ごとの比較や，男女の比較なども実施してみればよい。表やグラフにして結果を示してみる。

また，この観察データは，時系列データなので，6分間をはじめの2分間，中間の2分間，終わりの2分間とに分けてデータを分析してみると，スピーチの初期，中期，終期の違いなどが見えてくるかもしれない（前半3分，後半3分という分け方でもよい）。各自で切り口を工夫して，おもしろい結果の出し方を考えてみよう。

（4）考察のポイント

今回の課題の結果について，以下の観点から考察してみよう。

(1) グループメンバー個々人のスピーチ行動の特徴はどのようなものだっただろうか。
(2) スピーチの初期，中期，終期で，どのような行動の変化が見られただろうか。
(3) 結果を総合して，メンバーの自己紹介スピーチはどのようなものだっただろうか。
(4) 話題や話の内容とスピーチ行動との関連はどのようなものであっただろうか。

練習課題　チェックリスト

観察日　　　　年　　　月　　　日
観察場所　　　　　　　　　グループ番号
被観察者名　　　　　　　　年齢　　　性別　F／M
観察者名　　　　　　　　　タイムキーパー氏名
観察開始時刻　　　時　　分　観察終了時刻　　　時　　分

観察単位	顔の向き					発語・発声		表情		
	正面	右	左	上	下	あり	なし	ポジティブ	ネガティブ	ニュートラル
1										
2										
3										
4										
5										
6										
7										
8										
9										
10										
11										
12										
13										
14										
15										
16										
17										
18										
19										
20										
21										
22										
23										
24										
総計										

　以下は，この課題のデータについての考察ではないが，練習課題として，実施後の感想ということで，内省報告として記述しておく。
(5) 観察の容易さや正確さ，得られた情報量について，どう思ったか。
(6) 観察者となった際の感想，被観察者として観察されていた際の感想について。
(7) 観察された自分の行動記録を見て，どのように思ったか。
(8) 日常的にただ見ているだけと，このように研究法として実施する観察との相違についてどのように感じたか。
(9) その他，気がついたこと。

(5) その他

この練習課題については，いろいろと題材を変えて実施することができる。

たとえば，自己紹介のスピーチをするのが困難な場合は，インタビュアーを1人立てて，質問をする人とされる人の2人を観察してもよい。この場合，被観察者はスピーカーとインタビュアーの2人にするのか，質問に答えているスピーカー1人にするのかは検討のうえ決めればよい。あるいは，観察者も2人にして，1人はインタビュアーの方を，もう1人はスピーカーを観察するという方法もある。

また，「何らかの話題について話し合いをしているところ」とか，「パズルなどの課題を解いているところ」といった複数人数のコミュニケーションや発話の様子をこの方法で観察することもできる。いろいろな場面の観察に応用が利くので，実習授業の状況に合わせて実施すればよい。

また，記録の取り方の方も観察単位を変更することが可能である。今回は1単位15秒として設定したが，1単位を20秒にしてもかまわない。加えて，今回は6分間の観察であったが，話題に応じて，観察時間は変更すればよい。

2．事象見本法の練習課題（その1）

練習課題　大学キャンパス内で，学生の服装スタイルを調べる

事象見本法の課題として，大学生の服装スタイルについて調べてみよう。心理学領域では，自己概念や自己意識との関連で若者の被服行動やファッションの傾向についての研究などが行われているが，実際にどのような服装スタイルをしているのかということを把握するためには，観察をして実態を明らかにする必要がある。この場合の観察の方法は，どのようなカテゴリーの服装スタイルがどのような頻度で現れるのかということを調べるわけであるから，事象見本法が適切である。

(1) 課題実施前の準備
①観察場所や観察日時を決める

この課題の場合は，まず，どこで観察するかということを決めるのが重要である。観点としては，大学全体の服装スタイルの傾向を把握するということであれば，学年男女を問わず多くの学生が通る場所，集まる場所で観察を行う必要があるし，学部間の傾向の違いを見ようというのであれば，対象とする複数の学部の前で観察する必要がある。また，男子だけ，女子だけを対象として実施してもかまわない。観察場所が決まったら，同じ学生を二重にカウントしてはいけないので，ある地点を定めてそこを一定方向に通過した学生だけを観察対象とする，などというように観察対象となる学生をどのように定めていくか決める必要がある。また見えない線で囲んだエリアの学生を1人ずつカウントしていくという方法や，観察対象者が100人になった時点で観察を終わるというやり方もある。観察対象者を何人くらいにするかは，状況を見たうえで，またデータ分析のことも考えたうえで，だいたい決めておく。いずれにせよ，観察対象者が確実に見える場所を選ぶことが必要である。たとえば，建物の屋内からガラス越しに屋外を観察するという方法でもかまわない。

それから観察日時や観察時間を決めておく必要がある。曜日による服装スタイルの違いや，時間帯による違い，季節や天候気候による違いなどもあるかもしれないので，観察者側で観察対象の前提条件を決めておくことも必要である。

以上のように，実施に際しては，大学生個々人が大学に着ていく服装スタイルを決定する際に考慮される条件や要因をよく検討したうえで，観察場所や日時を決めていくことになる。これについては，実習授業のグループでそれぞれ検討して決めてみよう。
　これらのことが決まってくれば，観察に要する人員なども決まってくる。観察予定の日時に自分の授業が入っていることもありうるので，グループメンバーそれぞれの都合なども考慮してやりくりすることになる。なお，本来の観察の場合は，観察者側の都合で観察状況が決まってくるということはないので，その点は注意すること。

②観察カテゴリーを決めて，記録用紙を作成する

　この点については，第5章で詳細が述べられているので，そちらを参照していただきたい。ここでは，練習課題として簡単な記録用紙を作成してみよう。服装スタイルについて5つ程度のカテゴリーを決めてみるとよい。チェックが重複して入ることのないよう，5つのカテゴリーは相互に独立していることが必要である。なお，実習グループの中で，経験的に，ある種の服装スタイルが流行しているなどの情報をもっているような場合，それを仮説として位置づけて，観察により検証していくというスタンスもとることができる。いずれにせよ，各カテゴリーにチェックがしやすいようにカテゴリーの分類をして，それについてのカテゴリー表と記録用紙を作成してみよう。
　なお，先述の時間見本法の記録用紙の例のように，チェック表の上部には，観察日時や記録者の名前など，必要な情報を記入する欄を設けておくこと。

③役割を決める

　観察場所や日時が決まったら，観察場所での各自のポジションや役割を決めておく。観察日時はメンバー各自がきちんと守ることが大事である。誰かが遅刻するということのないように気をつける。

④観察に必要なものをそろえ，観察環境を整える

　筆記用具，記録用紙，カテゴリー表，記録用の台紙などである。

(2) 課題の手続き

　以下は，おおまかな例である。実習授業の中で各グループでそれぞれ手続き（手順）を考えてみること。
　大学生の服装スタイルについて，30分間の時間を設定し観察する。ただし所定の観察対象者数を決めておいた場合は，その数になった時点で観察を終了する。
　観察者は，所定の場所の観察ポジションに到着したら，決めてある時間どおりに観察を始める。観察は，たとえば男子学生を観察する人と女子学生を観察する人とに分けて行ってもよい。また10分ずつに分けて，3人が交代に観察してもよい。
　所定の記録用紙に基づいて，各カテゴリーに該当する場合にチェックを入れていく。判断が恣意的にならないように，カテゴリー表の定義に基づいて記録していく。記入漏れや二重カウントのないように注意する。
　観察を複数の場所で行う場合は，原則として同じ時間帯に観察を行うべきである。同じ観察対象者が両方の場所に含まれている可能性が低くなるからである。

(3) 結果のまとめ方

　チェックリスト記録用紙に基づいて，被観察者の服装スタイルについて結果をまとめていく。
　チェックされた数を数値データにして，いろいろな分析が可能である。話題ごとの比較や，

男女の比較などもやってみればよい。表やグラフにして結果を示してみる。

(4) 考察のポイント
以下の観点から，今回の課題の結果について考察してみよう。
(1) 大学生の服装スタイルの傾向はどのようなものだっただろうか。
(2) 何らかの条件設定をしていた場合，条件間の相違は見られただろうか。

以下は，練習課題として，実施後の内省およびその報告として記述しておく。
(3) 各カテゴリーの設定は適切になされていただろうか。
(4) 観察の容易さや正確さ，得られた情報量について，どう思ったか。
(5) 日常的にただ見ているだけと，このように研究法として実施する観察との相違についてどのように感じたか。
(6) その他，気がついたことや感想など。

3. 事象見本法の練習課題（その2）

練習課題　大学の食堂の利用状況を観察する

　事象見本法の課題として，今度はもう少し複雑な練習課題を設定してみた。大学での昼休みに，食堂を利用する人はたくさんいると思うが，どのように利用されているか観察してみよう。この課題は，観察の内容と方法を考えるところから始める。つまり，観察を計画するプロセスそのものに重点を置く。

(1) 課題実施前の準備
①観察テーマを決める

　まず，大学の食堂という場所にかかわるところで，いったい何を観察するのか，グループで話し合って考えてみよう。

　いろいろな観察対象が考えられる。たとえば，どのような人たちがどのような利用の仕方をしているのかといった利用者層と利用方法を調べてみることもできる。また，メニューの中で何が好まれるのかといったこともテーマになる。曜日や時間帯による混雑度を調べることもできる。昼休みの時間以外の利用のされ方も，テーマになる。各グループで決めたテーマに応じて，観察場所や観察時間も決まってくるので，そういう意味では自由課題である。いろいろおもしろそうなテーマを考えてみよう。

　なお，この課題では，設定された観察テーマに基づいて観察を行った場合に，どのような結果が得られると予想するか，これについても考えておこう。普段から食堂を利用している人も多いと考えられるので，経験的にどのような状況なのかわかっている場合もあると思う。人間の社会的行動を説明していくうえで，なぜそのような行動をするのかについての理由があるはずであるから，観察することによって，その理由が明らかになることが望ましい。そういう意味で，観察する前に，その理由を考えてみて，結果がどのようになるのか予想をしてみることは大事なことである。

②観察場所や観察日時を決める

　観察テーマに応じて，観察者は，食堂の中のどこに観察場所を設定するのかということを決める必要がある。その際，食堂のスタッフの人たちや食事をしている人たちに支障を来すよう

な場所にするのは問題であるから，場所の選定はよく考えなければならない。
　時間帯による混み具合や，曜日や気候による違いを検討する場合などは，観察時間をよく検討吟味しておく必要がある。なお，観察時間の設定にあたっては，時間見本法的な手法を取り入れることも考えてよい。
　さらに，食堂での観察は，大学構内とはいえ，食堂業者の営業業務を妨害することはあってはいけないので，大学当局ならびに食堂業者には許可をとったうえで実施することが望ましい。

　以下の事項については，事象見本法の練習課題（その1）と同様のことになるので割愛する。
　③観察カテゴリーを決めて，記録用紙を作成する
　④役割を決める
　⑤観察に必要なものをそろえ，観察環境を整える

(2) 課題の手続き
　各グループで何を観察するのか，その目的によって課題の手続きは変わってくる。記録用紙も目的に合ったものを作成して，それに記録していく。手続きをどのようにするかについては，よく話し合い，決めた手順にしたがって実施する。
　なお，グループで決めた手続きは，文章化しておいて，グループメンバー間で周知徹底しておくこと。

(3) 結果のまとめ方
　チェックリスト記録用紙に基づいて，被観察者の食堂での行動などについて結果をまとめていく。
　チェックされた数を数値データにして，いろいろな分析が可能である。研究テーマや目的に応じて，表やグラフにして結果を示してみる。

(4) 考察のポイント
　以下の観点から，今回の課題の結果について考察してみよう。
(1) 大学食堂の利用傾向はどのようだっただろうか。テーマに応じて論じてみよう。
(2) 何らかの条件設定をしていた場合，条件間の相違は見られただろうか。
(3) 得られた結果は，予想されたとおりであったか，それとも予想とは異なる結果であったか。その場合，なぜ予想した結果にならなかったのか，理由を考えてみよう。

　以下は，練習課題として，実施後の内省およびその報告として記述しておく。
(4) テーマに応じて決めた各カテゴリーの設定は適切だっただろうか。
(5) 観察の容易さや正確さや，得られた情報量について，どう感じたか。
(6) 観察者としての感想について。
(7) 日常的に経験して知っていると思っていることと，このように研究法として実施する観察との相違についてどのように感じたか。
(8) その他，気がついたこと。

4 観察テーマの設定と予備観察の実施

1. 観察テーマの探し方

　本来は，何かしらの研究テーマや課題がすでに決まっていて，それを明らかにするにはさまざまな研究法の中でも観察法がベストであるといったことによって，研究方法が選択される。しかし，ここでは，あくまでも観察法の実習トレーニングとして考えているので，観察法によって明らかにできる研究テーマはどんなものがあるか，という観点から論じていくことになる。

　そこで，観察テーマの探し方であるが，まずは，自分の興味関心の中から人間の行動について明らかにしてみたいと思うことをテーマにするのがよいであろう。ただ，一口にそういっても，心理学を学び始めたばかりの学生が，すぐに観察テーマを思いつくことは容易なことではない。そこで研究テーマを探すヒントとして，次のような方法を提案しておくので，参考にしてもらいたい。

(1) 日頃の経験の中からテーマを見つける

　日頃の自分自身の経験の中で，人間の行動に関して疑問に思ったことや感じていることはないか，よく思い出して振り返ってみることである。そして，もしそういう疑問がいくつか見つかれば，それらの行動がなぜ起きるのか考えてみることである。頭の中でイメージしたことが実際に起こっているのか（起こっていたのか），観察をしてその目で確かめてみるということである。

　付け加えておくと，観察対象は「人間の行動」でなくてもかまわない。動物園の動物でもよいし，家で飼っているペットでもかまわない。人が捨てたゴミも観察対象になるし，道路を走る自動車も観察対象となりうる。

　以下に具体的な例をいくつか示しておこう。たとえば，クルマで走っていると，中央分離帯の植え込みなどにゴミが捨てられているのを見ることがある。またそういうゴミは，ある場所に比較的集中して捨てられているようにも見える。この1つの経験的な事例から，次のような疑問が生まれてくる。すなわち「どうして，こんなところにゴミを捨てるのだろう」「どんな人が捨てていくのだろう」「いつ，捨てられるのだろう」などという疑問である。これらの疑問の答えを見つけ出すためには，現場で観察することが一番である。

　この例は，いわゆる人間の「ゴミ捨て行動」であるが，本来ゴミを捨ててはいけない場所に捨てているというところに，人間行動のいろいろな心理的な意味合いが含まれている。したがって，ゴミ箱にゴミを捨てること自体は，そのままでは心理学的な観察テーマにはならないが，ゴミ箱でないところにゴミを捨てる理由を解明することは心理学のテーマになるのである。

　ところで，この事例を観察する場合には「どのようにゴミを捨てるのか」というゴミを捨てた人間の行動が第一に観察対象となるわけであるが，「捨てられたゴミ」そのものも観察対象

となる。この場合は，ゴミを捨てる人間と，捨てられたゴミの双方を観察することで，「本来捨ててはいけない場でのゴミ捨て行動」とはどういうものなのか説明が可能となるであろう。

このように，日常的に経験する人間行動のちょっとした疑問（大きな疑問のこともあるが）から，その答えを探るべく観察テーマが見つかることは多い。

（2）特定の動作や行動を観察対象とする

観察テーマの探し方の2つ目のヒントは，目的をもって行われた特定の動作や行動（その行動自体が目的的なもの）を詳細に観察してみるということである。

たとえば「クルマを運転している人は，運転に関する動作をどのように行っているのか」という目的的行動を詳細に観察することは，心理学的な観察テーマになりうる。つまり，上手な運転をする人は，どのようなことに注意を払っているのかが観察によって明らかになれば，それは大変意義のある知見となるからである。

同様に「音楽家は，楽器をどのように演奏しているのだろうか」とか，「サッカーの選手は，ポジションによってどのような動き方をしているのだろうか」とか，「釣りをする人は，その道具の使い方を含めて，どういう動作をしているのか」などということは，その技術や技能の習得を目指している人にとっては，常日頃実際に行っていることである。このような人間の行動や動作を解明することにおいては，観察はとても適した方法である。

技能習得という目的の有無にかかわらず，サッカーなどのスポーツ競技がどのように行われているのかということを知るためには，フィールドでサッカーそのものをよく見ることが一番である。実際にフィールドで見ていると，テレビで見るのとは違うことがよくわかる。つまり，テレビ中継では，その画面に映る事象はきわめて限られており，サッカーなど広いエリアを使う競技では，全体の状況が映ることは少ない。それに比べて，競技場に出かけていってサッカーの試合を見ると，ボールから遠く離れたところにいる選手の動きもよくわかるし，サッカーというゲームの本質がよくわかる。間接的な映像を見るのと，実際に自分の目で直接見ることが大きく違う良い例である。

（3）動物や植物を観察してみる

この実習では，動物の行動も観察対象として設定してもかまわない。

小学生のとき，夏休みの自由研究として，動物や植物の観察を行った人もいるであろうが，それと同じように動物の行動を観察するのは大変おもしろいことである。

たとえば，動物園にいるニホンザルの集団行動について観察することは，この実習の観察テーマに十分なりうる。ニホンザルの集団にはリーダーであるボスがいて，そのボスが集団を統率しているということはよく知られていることである。では，そのボスがどのようにして集団を統率しているのか，その具体的な行動については，多くの人は知らないであろう。ニホンザルの集団がどのように形成されているのか，集団の中でそれぞれのサルたちはどのように行動しているのか，これらのことを彼らに言語的に尋ねることができないわけだから，観察によって知る（事実を推測する）しかない。言語的に意思疎通ができない動物や植物に関しては，観察で明らかにしていくことが唯一の方法だといっても過言ではないと思う。

2．予備観察を行う

観察テーマが決まったからといって，すぐに観察が実施できるわけではない。観察テーマに基づいて，事前に準備をしなければならないことが意外と多い。ここでは，予備観察の実施について述べておく。予備観察とは，本番の観察のためのリハーサルのことであるが，いろいろ

な意味が含まれている。事前に観察予定の場所に出かけていって，観察実施手順を単にリハーサルして確認するだけではなく，現場のもろもろの周辺的状況を把握しておくことが重要である。以下に，予備観察を行う際の具体的な留意事項を述べておく。

(1) 適切な観察場所を見つける

観察テーマが決まったら，まずやることは，その観察予定の場所に出向いていって，そこで計画したとおりの観察行為ができるのかどうか確かめることである。あるいは候補となる場所が複数あるのなら，それぞれの場所に出向いていって，最も適した観察場所を決定する。

ところで観察に適した場所とはどういう場所であろうか。決め手になるような，いくつかの観点を挙げておこう。

第一に，観察者の位置する場所が十分確保できることである。観察者が複数であることも考慮して，そのような場所を探す必要がある。たとえば，交差点で右左折車の走行状態を観察する場合に，交差点のどの位置から観察するとよいのか検討したうえで，観察者が占めるスペースが果たして確保できるのかどうか現場で確かめておく。場所によっては信号機や電信柱が死角を作り，思ったように観察対象の情報を取得できないこともあるからである。また交差点は特にそうであるが，屋外で観察を行う場合は，安全な場所を確保する必要がある。観察中に自動車が突っ込んでくる危険が大きいような場所は避けるべきであるし，安全には十分注意をしてほしい。

第二に，観察対象が確実に現れる，また観察事象が確実に生起する場所であることである。動物観察の場合に，いくら待ってもその動物が現れないとなれば，場所を変えてみることを考えるであろう。観察対象や事象を確実にキャッチできる場所を捜すことが大事である。

このように観察場所の選定は大変重要なことである。適切な観察場所を見つけられるかどうかで，その観察研究がうまくいくか否かが決まってくるといえよう。

(2) 季節や天候，曜日や時間による観察対象の変化を確認しておく

候補となる適切な観察場所が選定されても，まだ安心してはいけない。予備観察で現場を見たときは，観察対象や事象を確認することができたが，それは偶然だった可能性もある。たとえば，曜日によって人の動きが変わる可能性のあるものなどは，1度だけの現場確認では不十分な場合がある。

たとえば，電車の駅での階段とエスカレーターの利用状況を観察するという場合に，朝夕のラッシュの通勤時間帯と昼間の閑散とした時間帯とでは，駅構内の状況は大きく異なるであろう。また平日と休日でも様子が違うであろう。このように曜日や時間帯によって人の動きが異なる場合は，この点も十分考慮しなければならない。

また，飲料の自販機利用状況について調べたい場合も，夏と冬では選択される飲料は異なるであろうし，その日の天候や気温によっても左右されることであろう。

後述するが，観察記録をつける際には，観察日時や曜日だけでなく，その日の天候や気温などの情報も必要ならば記録しておく。

(3) 観察者のポジション（立ち位置）や観察範囲を決める

観察場所を選定したら，実際にどの位置からなら観察対象や事象を正確に把握し記録することができるのか決める必要がある。

先の例で，電車の駅での階段とエスカレーターの利用状況の観察の場合，観察者は駅の中のどこにいて観察するのがよいのだろうか。ホームのベンチに座って記録するのがよいのか，階段の最上部やエスカレーター上部の降り口の近くに立って記録するのか，その場の状況で判断

する必要がある。いずれにしても，大事なことは，観察者が，観察対象者（電車から降りてくる人たち）の動きや流れを邪魔したり，さえぎることのないよう注意することである。

たとえば，街中で歩行喫煙の状況を観察するという場合に，街頭の歩行者の流れをさえぎるような位置で観察を行うわけにはいかない。普段，日常的に歩行喫煙をしているような人が，観察されていることを認識した時点で，その日は歩行喫煙をしないかもしれないからである。つまりこれは，観察者がその現場における日常的な状況に介入してしまい，本来あるべき状況が再現されないことになるのである。したがって，自然のあるがままの状況を観察するという趣旨が失われてしまうのである。

それから，同じ例を使って，観察範囲の設定について説明しておく。街中での歩行喫煙の状況を把握するために，観察対象である歩行喫煙者を確認できそうな場所と位置を決めたとして，ではどこからどこまでを観察エリア（観察範囲）とするかはきちんと定めておく必要がある。ただ漠然と「観察者から見える範囲はすべて」と決めて，路上を行く人の中で歩行喫煙している人を片っ端から数えていくというような方法や，そのような観察範囲の決め方はよくない。

次のような範囲の決め方をすべきである。たとえば「○○地区の繁華街大通りの，ある地点（A地点とする）を通過した人」の中で，喫煙しながら歩行している人の数をカウントする。あるいは「○○地区の繁華街大通りの歩道の，ある地点（B地点とする）から別のある地点（C地点とする）までの200mの範囲」というように，見えない線を引いて，一定の観察範囲を定めておいて，そこを歩行した人（この人数も，場合によっては数えておく必要がある）の中に，喫煙しながら歩行した人が何人いたかをカウントする。観察範囲が広くて大きいときは，観察者が1人では観察は困難なことなので，その場合は，1人は「北向きに歩行する人」を観察対象としてカウントし，別の観察者は「南向きに歩行する人」をカウントするように，作業を分ければよい。

また，別の例で「駅で電車を待っている人が何をしているか」を観察する場合も，ホームで同じ電車を待っている人を全員観察対象にするのか，それともホームのどこからどこまでというように見えない線を引いて，その範囲内にいる人を観察対象にするのか，観察場所の特徴や人の動きや流れの特徴を把握したうえで，観察範囲を設定することが重要である。加えて，ここで述べてきたことは空間的な観察範囲の設定であるが，前項で述べたように時間的な観察範囲の設定として「何時から何時まで」ということも決めておく必要がある。

（4）観察者である自分たちが観察対象（者）からどのように見えるのか，確認しておく

観察者が観察していることを観察対象（者）に気づかれてもよい観察と，そうでない観察がある。

ある現場で観察者が観察している行為が，現場のありのままの状況に介入する結果となるような場合は，その現場での通常の状況が展開されなくなる可能性がある。そのようなケースでは，観察者が観察していることを悟られないように留意する必要がある。ただし，これはなかなか難しいことである。下手をすると，観察者は不審な行動をとっているようにも見えてしまう。できるだけ自然な形で，その現場に入っていけることが望ましいが，いずれにせよ観察対象者や第三者に迷惑になるような観察行為は避けなければならない。

反対に，たとえば幼稚園での園児のお遊び行動を観察するような場合，参加観察の形態をとっていれば，一緒に遊びながら園児の行動を観察記録していくということになる。この場合は，観察対象者である園児からすれば，観察者の存在は明らかである。したがって，観察対象者である園児に不安感などの否定的な感情を生起させてはならないし，その場の雰囲気を壊してしまう（変えてしまう）ようなことはしてはいけない。参加観察の形態であっても園児の行動お

よび園児の意思を尊重しなければいけないわけで，観察者が遊びの主導権をとったり，作為的に園児の行動に介入することはあってはならない。観察者は，あくまでも観察の目的に沿った観察行動をしなければならない。

さらに，特定の観察対象者の特定の行動を観察するような場合は，観察対象者に観察の許可を得てから観察を行うべきものであって，この場合，観察者の存在は当然観察対象者に周知されることになる。したがって，たとえば自動車のプロのドライバーの運転行動を助手席で観察させてもらう場合や，スポーツ選手の行動を観察させてもらう場合などにおいては，当該の観察対象者にきちんとその目的を伝えたうえで，観察行為は承諾をもらってから行うことになる。

(5) 観察カテゴリーを確認する

計画を立てた段階で，観察カテゴリーは検討しているはずであるが，現場でのリハーサルの際に，用意した観察カテゴリーに基づいて記録ができるのかどうか確認しておく。特にカテゴリー内の水準が細かいと，現場での観察記録中に記録しきれないおそれがある。たとえば，「街を走るクルマは何色が多いか」ということを記録していく際に，カテゴリーとして設定した「クルマの色」について水準（色名）を細かく分けてしまうと，その地点を通過したクルマの色をいちいち記録することが大変になってくる。かといって，水準を減らしてしまうと（赤色，青色，白色，黒色，銀色等），おおまかな結果しか得られない。複数のメンバーで記録すべき内容を分けるとか，時間帯をうまく区切って，きちんとした記録ができるようにするなどの工夫が必要である。

また，観察対象者の属性などを記録する際に，性別は見てわかるものだが，年齢は見た目では判断できない場合がある。これらからも，計画段階でカテゴリーを設定すること自体は容易なことであるが，現場で記録をしようとすると意外に難しいということがわかるであろう。これらの点については，次章において詳細に説明する。

(6) その他の留意点

本実習では，観察現場での観察に際しては，極力自分の目で観察することを勧める。ビデオカメラ等で記録する方法ももちろん可能であるが，研究法の初歩的事項を習得するとの趣旨から，まずは自分の目で観察をすることを奨励する。理由は次のとおりである。

この観察法の実習では，観察現場に出かけていって，そこで実際に自分の目で観察してくることが最大の意義と考えている。観察という行為を実際に体験してみることで，観察の何たるかがわかると考えるからである。

観察をするためには，観察対象や観察事象をじっくり見ることが基本であるから，そこには集中力が必要である。適度な緊張とリラックスした状態を維持しながら，一定の時間，そこで観察記録を続けていくわけである。

ところで，もしここでビデオカメラを持ち出してくるとどうなるであろうか。観察現場を記録するのはビデオカメラの仕事であって，自分は観察対象をじっくり見ているというよりも，ビデオカメラがちゃんと作動しているかに注意がいってしまう可能性がある。これでは，集中力が途切れて観察対象や現場がどうだったのかということについて，自分の中できちんと詳細に認識できなくなってしまう。もちろんビデオカメラを使用してはいけないといっているのではなく，必要ならばビデオに撮って，映像を確認しながら記録していくこともかまわない。条件によっては（動物や植物の観察など），ビデオカメラを設置しておく方が有効な方法といえる。しかし，本実習ではビデオ映像での記録はあくまでも補助的手段として位置づけておきたい。

さらにいえば，ビデオカメラで記録する方法をとった場合の失敗例は結構たくさんある。一例を挙げておくと，たとえば，カメラのセッティングが意外と難しいということである。ビデオカメラは動きの速いものをとらえるのに適しているように思われるが，画面の大きさが限られていることから，動きの速い対象は映っている時間も短くなる。レンズを望遠側にすると，対象は大きく映るが画角は狭くなる。反対にレンズを広角側にすると，画角は広がり撮影範囲は広くなるが，撮影対象の一つ一つは小さくなってしまい，詳細がつかめなくなる。人間の目や視野が瞬時に自由自在にコントロールできるのに比べて，カメラの方は融通が利かないわけで，欲しい情報を的確にとらえるには，結局，撮影技術とその熟練が必要である。ビデオカメラに頼るという発想は，この際やめておいた方がよい。

　その他の留意点としては，ビデオカメラ以外の道具等で，必要なものがあれば忘れずに持っていくということである。

　筆記用具や記録用紙はもちろんのことであるが，用紙に記録する際のボードがあった方がよいし，筆記具も何がよいのか細かく検討すべきである。時間見本法などで，時間を決めて記録する場合にはストップウォッチは絶対に必要であろうし，レポートに観察エリアをきちんと図で示しておくにはメジャーを持っていって計測する必要もあろう。こういった小道具も事前にすべて確認しておきたい。

　複数で観察することを前提として考えるならば，誰が何の役割を担当するか，誰がどこに配置されるのかということも，当日になって慌てることのないようにリハーサルの際に確認しておくことが必要である。屋外での観察の場合は天候の変化などにも留意すべきであるし，もろもろの不測の事態に備えて，できる限りのことを事前にチェックしておくことが重要である。

5 記録用紙の種類と観察カテゴリーの設定

　さて，あなたが，人間あるいはサルなどの動物の日常的な行動について，観察によって明らかにするための研究を計画したとしよう。しかし，すぐに観察の現場に行ったところで，観察対象とすべき人物や動物の数や，対象となる行動の変化のめまぐるしさに圧倒されてしまうことであろう。観察の現場に赴いて，多数の対象や，めまぐるしく変化する行動の記録を，より効率的に行いたいのであれば，あらかじめ研究目的に即した記録用紙を作成し，それを活用することが求められる。そこで本章では，観察を実施するに先立ち，記録用紙を作成することに着目して，その手続きならびに留意点についての説明を行うことにしたい。

1．記録用紙の種類

　観察法における記録用紙は，研究目的に応じて，適切なものを作成しなければならない。それゆえ，記録用紙の内容は，研究目的に応じて千差万別である。ただ，どのように記録する形式になっているかという点から，記録用紙は概ね次の3つに分類することができる。ここでは，それぞれについて解説することにしたい。

（1）自由記述式の記録用紙

　観察対象は定まっているが，どのような観点から観察対象を記録し分析していくかについては明確に定めておらず，いわば予備的な観察を行いたいときはあるだろう。あるいは，何らかの仮説を見つけたいという意図で，探索的な観察を行うこともあるだろう。こうした場合は，自由記述式の記録用紙が活用されることになる。

　自由記述であれば，白紙の記録用紙を用いるということでも記録は可能であろう。ただ，初心者の場合，重要な情報を要領よく記録できなかったり，記録ができたとしても，それらが粗雑であるがゆえにデータ整理の段階で手間取ったりすることもあるだろう。そこで，観察時間帯別に記録ができるように，いくつかの観察単位で枠を区切った紙面を用意したり，あるいは少なくとも観察時の天候や気温などの基礎データを記録できる欄を用意したりするなど，種々の工夫をした用紙を作成することが望ましい（図5.1）。

（2）チェックリスト式の記録用紙

　チェックリスト式の記録用紙は，対象をいかなる観点で観察するかがはっきりと定まっており，かつその観点に基づいて対象を観察した場合，いかなる行動や様子が見られるかが明確なときに利用することができる。図5.2は，時間見本法による記録用紙の基本的な様式である。図5.2の記録用紙を用いた観察では，対象となる人物を，「発話」と「表情」といった2つの観点より観察することを意図しており，それぞれの観点に対して，「あり」「なし」，および「ポジティブ」「ネガティブ」「ニュートラル」といったカテゴリーを設定していることがわかる。記録者は，単位ごとに，観察対象に「発話」があったかどうか，あるいは「表情」はどう

観察日	年 月 日		No.
観察時間	時 分 ～ 時 分		
観察場所		観察者	
天候	気温		

単位	行動
1	
2	
3	
4	
5	
6	
7	
8	
9	
10	
11	
12	
13	
14	
15	
16	

図 5.1　自由記述式の記録用紙の例

だったかを踏まえて，該当する枠に「✓」や「○」などを記録していくことになる。

チェックリスト式の記録用紙を観察に用いた場合，観察される内容が，チェックリストに示された観点に限定されやすく，観察対象に対する新たな研究仮説や問題点を発見するといったことには適していない。しかしながら，定められた観点で観察することに重きを置くのであれば，文章記述といった手間のかかる作業が省略できるため，現場で効率的に観察するのにきわめて有効である。

単位	発話		表情		
	あり	なし	ポジティブ	ネガティブ	ニュートラル
1					
2					
3					
4					
5					
6					
7					
8					
9					
10					
11					
12					
13					
14					
15					
16					
17					
18					
19					
20					

図5.2　チェックリスト式の記録用紙の例

（3）鳥瞰図式の記録用紙

　研究目的によっては，観察対象となる人物の物理的な位置を記録する必要が生じることもあるだろう。たとえば，昼食時に大学の食堂の座席がどのように埋まっていくかを明らかにする観察や，あるいは駅のコンコースの中で誰かを待っているときに，人はいかなる場所で立って待つ傾向にあるかといった観察などである。こうした観察の場合，効率的に記録を行うためには，観察場所を鳥瞰した図を記した記録用紙を作成して用いることが役立つ。

　図5.3は，電車の車両を表した記録用紙の例である。始発駅から発車する電車の車両の座席

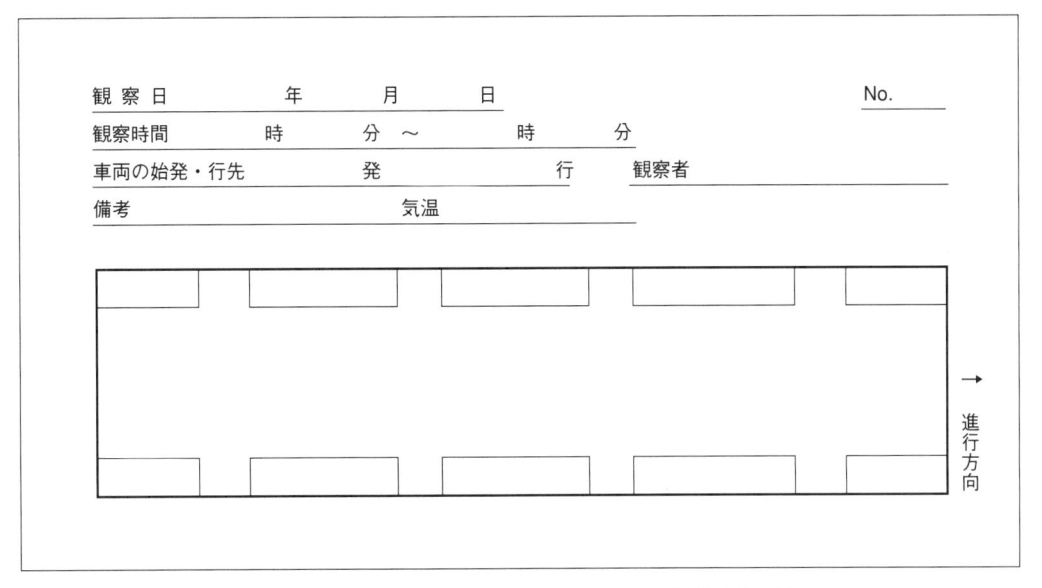

図5.3 電車の車両を上から眺めた図を記した記録用紙の例

や立席が，乗客によってどのように埋まっていくかを調べるための記録用紙として使うことができる。もっとも，記録用紙を使って，どのように乗客を記録していくかについては，観察者の工夫に委ねられる。たとえば，時系列的な乗客の推移を記録する場合，1枚の記録用紙に，人物を①，②，③……などと，乗車した順番を◯数字で表したり，あるいは5分おきに用紙を交換したりしながら記録をしていく方法が考えられるだろう。観察者は，漠然と観察場所の鳥瞰図を作成するのではなく，記録用紙の作成段階より，観察現場での記録をどのような方法で進めるかについて，じっくりと考えを深めておき，研究目的に即して効率的な記録ができるように準備しておくことが求められる。

2. 観察カテゴリーの設定

人間や動物の行動観察を実施する場で，できるだけ効率的に記録を行うためには，観察される行動のカテゴリーを定めた記録用紙を使用するのがよいだろう。この場合，先述の記録用紙のうち，チェックリスト形式の記録用紙を採用することになる。

さてここで，具体的な観察の事例として，電車に乗っている大学生の様子が，朝のラッシュ時と夕方のラッシュ時とでは，どのように違いが見られるかについて，事象見本法によって観察計画を立てることにしよう。スクールバスに座っている人たちの様子については，いろいろな観点から観察できそうであるが，ここでは①乗車中の行為，②表情といった2つの観点を導入してみたい。①，②のいずれの観点に対しても，あらかじめ行動を分類するためのカテゴリーを設定することが必要となる。たとえば，①についていえば，同乗者と会話している行為をカテゴリーとして挙げていれば，バスの中での会話という行為の出現頻度などが明らかになることだろう。あるいは，携帯電話を操作している行為，あるいは座席で眠っているという行為も，それぞれ別々のカテゴリーとして設定しておけば，スクールバスでの学生の行為の特徴が一層明確になることが期待できる。②の表情についていえば，「喜び」「怒り」「悲しみ」「恥ずかしさ」「無関心」「困惑」……などと多種にわたるカテゴリーを設定することができるだろう。しかし，あまりに多くのカテゴリーを設けすぎると，客観性の高さを保ちながら記録することに困難さが伴う。たとえば「恥ずかしさ」と「困惑」といったカテゴリーを設定しても，

実際の観察では，両者の表情を区別するのは難しい。そのため，「ポジティブな表情」「ネガティブな表情」「ニュートラルな表情」などと，一定の高い客観性を保持しながら記録できるカテゴリーを工夫することが求められるのである。

このように，カテゴリーの設定にあたっては，研究目的や，データの信頼性などを踏まえながら行う必要がある。ここでは，観察カテゴリーの設定に際して，3つの留意点を以下に挙げておきたい。

①**設定するカテゴリーのすべてが，操作的に定義されている**

「操作的に定義する」とは，「有能感」「動機づけ」など，抽象性の高い概念によって指し示される現象を，具体的な実験や観察などの手続きによって取り扱うことができるように定義することである。観察者のだれもが同じ要領で観察対象を記録できるようにするためには，各観察カテゴリーに対して，操作的な定義をしておかねばならない。たとえば，スクールバスの乗車中の行為について，「会話」といったカテゴリーを設定したとすれば，観察を行うに先立ち，「会話」を，「バスの同乗者とのあいだで，互いに話をしたり聞いたりしている状態」などと操作的に定義しておく必要がある。こうすることにより，「会話」に相当する現象は，その定義にしたがうことにより，携帯電話への応答という現象を記録対象外にするなどが明確となり，いかなる観察者であっても，他の現象と弁別して記録することが可能になる。

②**設定したそれぞれのカテゴリーが，相互に独立している**

観察対象に見られた現象を，ある観点に基づいて設定された複数のカテゴリーのうちの1つに分類することができるようにしておく必要がある。たとえば，スクールバスに座っている人の観察において，ある乗車中の行為が，「睡眠」というカテゴリーと「不活動」というカテゴリーのいずれでもありうるといったようなカテゴリーの設定は望ましくないということである。

③**すべてのカテゴリーによって，関心の対象となっている行動を網羅的に分類できる**

観察対象の任意の行動について，ある観点から記録を試みたときに，あらかじめ設定していたカテゴリーのいずれか1つに必ず分類することができるように，カテゴリーを設定するということである。そのため，観察対象の行動などを事前に把握しておく必要があるわけだが，観察の場に立てば，当初想定していなかった行動も見られる可能性は十分にある。そうした事態に備えて，「その他」といったカテゴリーを用意しておき，自由記述で「その他」に相当する行動について，補足説明の記述ができるようなチェックシートを用意しておくというのもよいだろう。

観察法において，記録用紙は，現実世界を写し取る重要な道具である。そのため，研究目的を踏まえつつ，慎重かつ丁寧に作成しないと，あらかじめ想定していた観察対象をうまくつかめないことにもなりかねない。最初に作成した記録用紙については，本当に実際の観察においてうまく機能するかどうかについて，あらかじめ予備観察を行うことを通じて，その良否について確認をするという姿勢が望ましい。

6

観察の実施

1. 観察実施の際の留意点

　観察のテーマが決定すれば，いよいよ実際の観察に入っていくことになる。各グループで，観察の練習や予備観察を実施していることであろうが，観察の本番となると，それはそれで緊張もあるであろうし，計画どおりに進めなければというプレッシャーもあるかもしれない。しかし，観察が始まってからトラブルが起きて観察を中止せざるを得ないということがないよう，スムーズに，確実に，計画どおりに観察を遂行していけるよう，最後のチェックをして，観察に臨んでもらいたい。以下に，観察実施時における留意点を挙げておく。

(1) 観察実施に必要なものや事柄を確認する

　観察の計画の段階で，観察実施に何が必要になってくるのかなど，十分に検討しておかなければならない。実施直前においては，その確認だけで済むようにしておく。たとえば以下のような事項について，観察の実施までにきちんと確認し，確定していかなくてはならない。

①**持参品目の確認**
筆記用具，記録用紙，記録用クリップボード，時計やストップウォッチ，デジタルカメラなどの機材，その他必要な品目を確認しておく

②**観察現場の図面（マップ）と人員配置の確認**
観察現場における配置と役割などを確認しておく

③**日時の確認**
人員交代があれば，担当者ごとにスケジュールを確認しておく

④**記録用紙の確認**
作成した記録用紙を再確認し，必要な枚数を確認して持参する

⑤**観察場所などの管理者や提供者への依頼**
当日，その場所で観察をするのにしかるべき機関からの許可などが必要な場合は，申請や依頼のうえ，きちんと許可をもらっておく

(2) 観察者メンバー全員が観察方法や手順を熟知しておくこと

　観察者が複数人数必要な場合や，途中で交代する場合など，観察者間で観察方法や手順が変わってしまうことのないよう，相互に役割分担の確認や観察カテゴリーを熟知しておく。特に観察手続きについては周知徹底しておく。メンバー間で，手続きが異なることはあってはならない。信頼性のあるデータを得るためには，これらのことは必須である。また研究レポートや報告書には，手続きはきちんと記述する必要がある。次に同じ観察研究を行う場合に，観察手続きの記述は非常に大事になってくることを，頭に入れておく。

(3) 計画どおりに実施すること

　観察を実施するためには，実施前にできるだけしっかりとした計画を立てておくのは当然のことであるが，実施にあたっては，計画どおりに忠実に実行に移していかなければならない。

　観察現場で，当日になって観察方法を変更するといったことのないように注意するべきであるし，計画を変更するくらいなら，その日の観察はそこで中止すべきである。

　つまり，言い換えれば，観察研究は，計画段階でその半分以上が終わっているともいえる。あとは現場でデータを取るだけ，取ってきたデータを分析するだけという状態までもっていくことが大事なのである。

(4) 不測の事態に備えること

　計画どおりに観察を実施するということであるが，不測の事態が起きる可能性はないとはいえない。トラブルはつきものである。

　たとえば，現場でカメラなどの機材が動かなくなった原因は，バッテリーの充電不足だったというのはありがちな話である。これなどは，準備の段階で十分カバーできることである。準備不足に起因する失敗は，防ぐことができる。

　しかし，観察の最中に対象者から直接クレームがきたということになると，これは大変なことである。このようなトラブルが起きた場合は，すみやかに実習責任者に連絡をして，適切な対応をとる必要がある。準備や計画の段階で，このようなトラブルの可能性をある程度予測できる場合は，もとよりそのような観察計画は立てるべきではないのであるが，テーマによっては，観察を実施しなければ結果が得られないこともあるであろうから，そのような場合はくれぐれも慎重に実施することを心がけるべきである。

　それから，交通状況の観察などについては，危険な箇所での観察はできるだけ避けなければならない。事故に遭っては元も子もない。交差点での自動車の通過台数や右左折状況の観察は，よく行われているが，交通量や時間帯なども考慮して，危険な目に遭う可能性ができるだけ少なくなるように計画を立ててほしい。

　いずれにせよ，予測不可能な事態であるから不測の事態なのであるが，トラブルを未然に防ぐことに，観察実習の場合は，より大きな注意を注ぐ必要があるのである。

2. 観察実施後の留意点

(1) 現場の修復

　観察現場において，自然観察の方法をとったとしても，そこに観察者自身がいるだけで，本当は，現場の通常の状況に対して干渉していることになる。したがって，現場に何かしらの接触が加えられることで，現場の状況が変化している場合は，観察実施後には，現場を修復しておく義務がある。どのような状況においても，このことは忘れてはいけない。

　たとえば，観察実施において，所定の箇所に必要な目印の看板を貼り付けた場合は，これを外して持ち帰らなければならないし，ゴミの捨て方の観察で，ゴミ箱を少し移動したなら，もとの場所に戻しておかなければならない。いずれにせよ，手を加える前がどうであったかは，よく確認しておいて，観察実施後には，前の状態に戻しておくことである。

　これらのことは，特にその現場が，個人の所有地であったり，公共の場所（たとえば駅構内や，繁華街の路上）などで，観察実施に際して許可をもらって実行したような場合は，きちんと現場を修復したうえで，お礼の意とともに終了報告をしておく必要がある。

　それから，幼稚園や学校等で，園児や生徒を観察した場合は，観察実施中においては，観察者が入ることで，どうしてもいつもと違う環境になっている。観察者の影響が少なからずある

からである。実質的に現状回復をはかるのは幼稚園や学校の先生ということになるのであるが，観察実施者は，そのことをよく頭に入れておいて，園児や生徒たちに無用な影響を与えることのないように，さらに現状回復がなされやすいよう心配りが必要である。

(2) データの確認

データの整理の仕方等は，次章において詳しく述べられるので，そちらを参照してもらうとして，ここでは，その1つ前の段階として，取ってきたデータが目的どおりに取れたのか確認をするということである。記録の失敗や，予定どおり実施できなかった場合など，再度データを取ることが必要な場合もあるので，実施後すぐに確認をする。

複数の担当者で役割分担して取ってきたデータを，つきあわせてみて，予定どおりのデータ数が確保できているのかといったことを確認する。その際，3箇所でデータを取ってきたとして，ある1箇所のデータが極端に予定数を下回っていたとか，ある1箇所が天候不良で予定の日にデータが取れなかったというケースは十分考えられる。その場合，必要なら再度データを取るということになる。

ビデオカメラ等で撮影した画像をデータにするという場合は，その画像が，欲しいデータを確実にとらえているかという確認作業が必要である。予備観察の時点で，そのあたりは確認しているはずであるが，それでも，観察対象が鮮明に映っていなかったり，観察対象を邪魔する形で他のものが映っていたりなど，画像を再生してみるまではわからないことが多い。画角なども大きく影響するので，撮影の仕方がまずいと，せっかく取ってきたデータが使い物にならないこともある。ビデオ映像などのデータは，観察実施後（撮影後）すぐに確認しなければならない。

7
観察データのまとめ方

1. 観察データの整理にあたっての基本姿勢

　観察の現場から持ち帰ってきたデータは，この世の中でみなさんだけが持っている，きわめて貴重な研究資料である。しかしながら，そのデータを，ただ漠然と眺めているだけでは，ほとんどの場合，そこに記された重要な事実を読み取ることはまず困難である。そこで，観察データを手にしたみなさんが次に取り組むべき作業は，データの内容から観察の現場で生じていた事実をできるだけ読み取ることができるように，データを整理するということである。
　さて，観察データに初めて向かい合う初学者たちがデータの整理を行っている姿を眺めると，どのように整理をするべきかに戸惑っていたり，あるいは，得られたデータをコンピュータに入力し，とりあえずいろいろとデータをこねまわすといった様子がみられる。しかしながら，データを整理するプロセスには，いわば作法とでもいうべき基本姿勢があり，それを守ることが求められる。この件について理解してもらうためには，特に研究における「仮説」について理解しておく必要がある。
　仮説とは，たとえば「禁煙地区の路上では，そうでない地区の路上に比べて，実際に歩きタバコをしている人の割合は少ないだろう」といったように，日常における種々の現象を，できるだけ簡潔明瞭に説明するために，仮定的に設けられたストーリーを指す。研究活動は，この仮説なるものをどのように位置づけているかによって，次の2タイプに分けられる。1つは，日常の現象についてあらかじめ設定された仮説を，実際に検証しようとする研究である。これは，仮説検証型の研究とよばれる。もう1つは，一見混沌とした日常の現象から，得られた研究データを通じて，何らかの仮説を引き出そうとする研究で，これは仮説生成型の研究とよばれる。
　さて，仮説検証型の研究，仮説生成型の研究について理解していただいたと見なして，ここで注意したいことがある。それは，仮説生成型の研究を進める場合の注意である。もし，みなさんが，仮説生成型の研究というスタンスにより，手元の観察データから何らかの「発見」を得たとしよう。もう少し具体的にいえば，得られたデータを，時間や観察場所によって分類したり，観察対象となった人たちの属性（性別やおおよその年齢など）で分けてまとめたりする中で，当初考えてもいなかった新たな発見ともいうべき特徴が見いだされるといったことである。ところが，ここで注意すべきことがある。それは，そこでの「発見」は，観察時の偶然のいたずらによって，たまたま生じた現象である可能性を無視することができないということである。
　このことについて，次のような事例で説明したい。ある観察において，午前と午後の2回に，X駅とY駅の区間を普通電車に乗り，そこで乗客についてのデータを得たとする。そしてそのデータをいろいろな角度から整理してみた結果として，「一般的に，午前中の電車の乗客に占める小学生の割合は，午後の40倍程度であるだろう」といった仮説が導かれたとしよう。おそらく，この仮説については，多くの人が直感的に，ナンセンスな仮説であると気づくことと

思われる（午前中の観察において，学校の遠足などで小学生たちが利用した電車の車両に，観察者が偶然乗り合わせた可能性がきわめて高い）。こうした例ならば，仮説がかなり疑わしいことには気づきやすい。しかし，簡単に疑わしいとは思えないような，もっともらしい「発見」ともいえる仮説は，データをいろいろな角度から整理するといった作業の中でしばしば生じるのである。極端にいえば，どんな意味のないデータを扱っても，そのデータをこねまわすうちに，あたかも何らかの一般的な法則があるかのような，誤った「発見」をすることはありうるということを理解しておいてもらいたい。

　もっとも，仮説生成型の研究を否定しようというわけではない。科学の世界においては，仮説生成型の研究を通じて，興味深い理論の生まれることが期待できるのである。ただ，仮説生成型の研究の名のもとに，データをこねまわしていると，先のようなナンセンスな仮説を導く可能性がきわめて高くなるのである。そのため，初学者においては細心の注意を払うべきだということなのである。そこで，特に初学者が，観察データを分析するにあたっては，研究を計画する際に，あらかじめおおまかなものでもいいので，仮説を設定し，それを検証することを主たる目的としたうえで，その目的に沿った形でデータを整理するという基本姿勢を推奨したい。あるいは，明確な仮説が設定されていなかったとしても，観察データを整理する作業の前に，何を分析したいのか，それを検証するためには，いかなる分析が必要であるのかを，できるだけイメージしておくとよいだろう。

2．記録用紙の形式に応じた整理の手順

　観察データをどのように整理するかについては，研究の目的，たとえば仮説が明確であればそれを検証するという目的に即して行うことになる。そのため，データを整理する際の具体的な手続きは，それぞれの研究目的に応じて進めていく必要がある。もっとも，整理していく手順は，いかなる記録用紙で得たデータであるかによって，ある程度の共通した傾向がある。そこで，5章でふれた3種類の記録用紙の形式に応じた，データ整理を行うための概ねの手順についてふれておくことにしたい。

(1) 自由記述式の記録用紙

　自由記述式の記録用紙は，仮説生成型の予備的な研究のもとで利用されやすい。そもそも研究者が，自由記述式の記録を計画するときには，得られたデータを系統的にまとめることを想定していない場合が多い。むしろ，ある対象について仮説検証型の観察を計画するに先立ち，いかなる観点から観察をするとよいか，あるいは種々の観点のうちの何を重視すればよいかなどの手がかりを得るために行われることが一般的である。

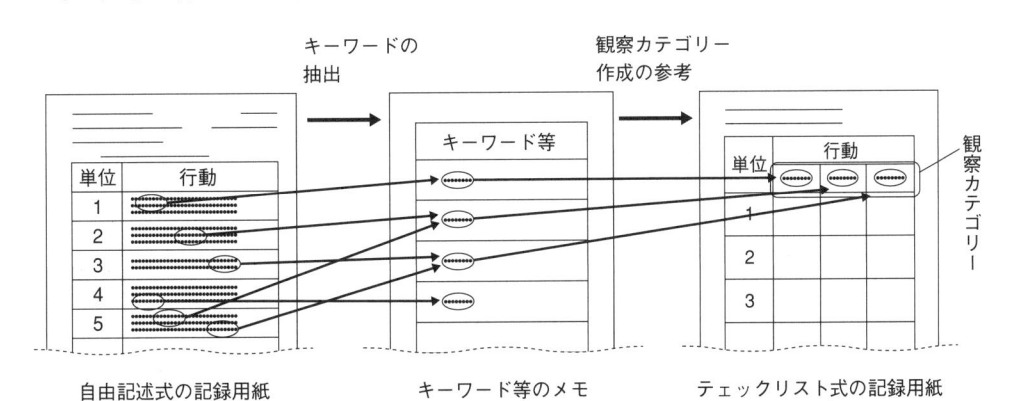

図7.1　自由記述式記録用紙のデータを整理するための主な方法

たとえば，ある研究者が，大学のスクールバスに乗車している学生において，朝と夕方とでは，いかなる行動の違いがあるかを理解する観察研究の計画を企てたが，どういった行動の違いが見られるかについて，まだ理解が不十分であったとしよう。この場合，その研究者は，自由記述式の記録用紙に，学生たちの行動を気づいたまま記録して，その後，スクールバスに乗車する学生の行動の特徴を知るための手がかりを得ることを目指すだろう。そして，得られた自由記述内容の中で特に印象に残った出来事を，キーワードなどにより抽出することに加え，観察現場に実際に出向いたときの印象なども加味しながら整理していくのである。こうした成果は，次の仮説検証型の観察で用いるチェックリストの作成などに活用することが期待できる（図7.1参照）。

(2) チェックリスト式の記録用紙

チェックリスト式の記録用紙には，自由記述式とは異なり，観察の現場で生じた現象が，各

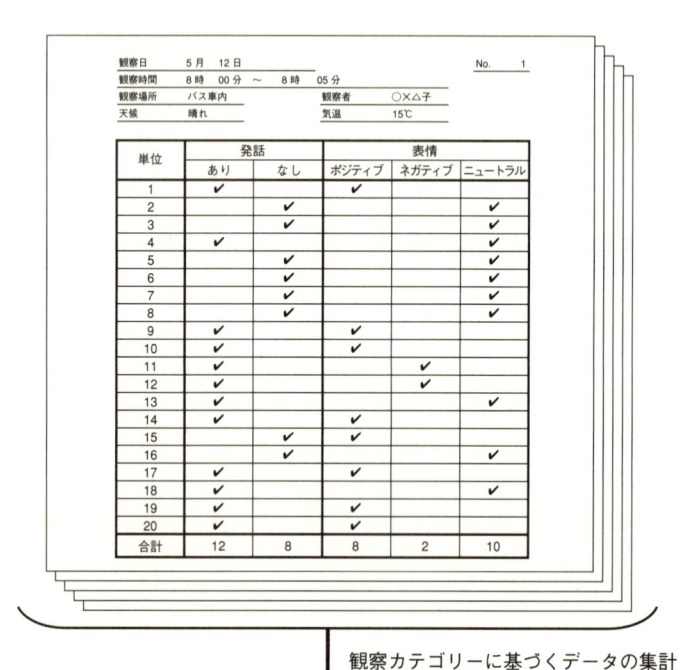

図7.2 チェックリスト式記録用紙のデータを整理するための主な方法

観察カテゴリーの欄に，「○」「✓」「1」などといった記号により，データが整然と記録されている。そのため，観察の現場で見られた現象を，数量化して整理することに適している。

　図7.2は，チェックリスト式の記録用紙に示されたデータを整理するための手続きを示したものである。ここに記載された数値はすべて架空のものであるが，「スクールバスに乗車する大学生の会話の有無ならびに表情は，通学時（朝）と帰宅時（夕方）では，帰宅時の方が会話

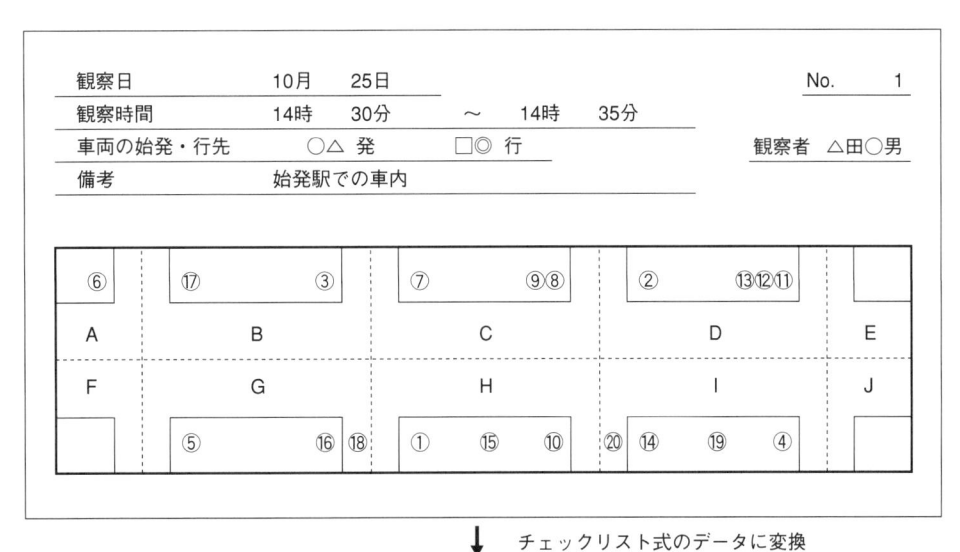

```
観察日       10月  25日                          No.  1
観察時間     14時  30分  ～  14時  35分
車両の始発・行先    ○△ 発      □◎ 行       観察者 △田○男
備考         始発駅での車内
```

A	B	C	D	E
⑥	⑰ ③	⑦ ⑨⑧	② ⑬⑫⑪	
F	G	H	I	J
	⑤ ⑯ ⑱	① ⑮ ⑩	⑳ ⑭ ⑲ ④	

↓ チェックリスト式のデータに変換

```
観察日       10月  25日                          No.  1
観察時間     14時  30分  ～  14時  35分
車両の始発・行先    ○△ 発            観察者 △田○男
備考         始発駅での車内
```

乗客	車内の領域										乗車様式		座席位置						
	A	B	C	D	E	F	G	H	I	J	立席	座席	1	2	3	4	5	6	7
①								✓				✓	✓						
②				✓								✓	✓						
③		✓										✓							✓
④									✓			✓							✓
⑤						✓						✓	✓						
⑥	✓											✓							✓
⑦			✓									✓	✓						
⑧			✓									✓							✓
⑨			✓									✓						✓	
⑩								✓				✓							✓
⑪				✓								✓							✓
⑫				✓								✓						✓	
⑬				✓								✓					✓		
⑭									✓			✓	✓						
⑮							✓					✓					✓		
⑯							✓					✓							✓
⑰		✓										✓	✓						
⑱							✓				✓								
⑲									✓		✓					✓			
⑳									✓		✓								
合計	1	2	3	4	0	0	3	3	4	0	2	18	6	0	0	2	1	2	7

↓ 以下，チェックリスト式のデータ整理の方法と同様

図7.3　鳥瞰図式記録用紙のデータを整理するための主な方法

が見られ，また表情のあり方は朝と夕では異なるだろう」という仮説を検証する観察研究から得られたデータだと見なしてもらいたい。チェックシートには，「発話」という観点から「あり」「なし」の観察カテゴリー，「表情」の観点から「ポジティブ」「ネガティブ」「ニュートラル」の観察カテゴリーが設けられている。そして，チェックシートには，時間見本法に相当する形式によって，観察単位ごとに「✔」の記号が記されている。このチェックシートのデータは，観察カテゴリー別に，朝夕5枚ずつのチェックシートの結果が集計され，最終的には研究目的，すなわち仮説の検証という目的に即して，2つの表でデータが整理されている。

(3) 鳥瞰図式の記録用紙

鳥瞰図式の記録用紙は，観察する場所をあらかじめ図示したものであり，観察対象となる人物や動物などの物理的な位置を，効率的に記録するのに適したものである。この形式の記録用紙に示されたデータについては，研究目的に即しつつ，チェックリスト形式の用紙に変換することで，よりわかりやすいデータとなる。そのためには，データ整理用のチェックシートも，あわせて作成しておくことが求められる。このデータ整理用チェックシートは，観察の現場で利用するチェックシートと同じような形式のものでよいが，いかなる観点を踏まえながら，どういったカテゴリーを設ければ，研究の目的に沿ったデータに変換できるかを十分に考えて作成してもらいたい。

図7.3は，電車の車内をイメージして作成された鳥瞰図式の記録用紙のデータをチェックリスト形式の記録用紙に変換した例である。チェックリストの形式に変換したら，その後のデータの扱い方は，チェックリスト式の方法に準じる形で進めるとよい。

3．整理されたデータの統計的処理

観察で得られたデータを整理したことによって，観察の現場でいかなることが生じていたかについて，直感的に読み取ることも容易になったかと思われる。しかし，データについては，直感的にその内容を読むのではなく，客観的に読むことが望ましい。データを客観的に読むための手段としては，統計的な手法を取り入れることは非常に役立つ。

観察から得られるデータに対して，いかなる統計手法を用いるかについては，あくまで研究目的や，それに基づいて得られたデータごとに考えていく必要がある。たとえば，t検定，χ^2検定，分散分析は，2つあるいはそれ以上の異なる状況や集団の間で見られる出来事につ

	カテゴリーI	カテゴリーII	合計
条件1	a	b	E
条件2	c	d	F
合計	G	H	N

$$\chi^2 = \frac{N(ad-bc)^2}{EFGH}$$

＊a, b, c, dのいずれかにおいて，きわめて小さい値（5以下）が存在する場合は，下の式を用いる。

$$\chi^2 = \frac{N(|ad-bc|-0.5N)^2}{EFGH}$$

自由度(df) ＝ (行数−1)(列数−1)
＝ (2−1) × (2−1)
＝ 1

図7.4　2×2のクロス表におけるχ^2検定の計算式と自由度

て，違いがあるかどうかを検討するのに活用される統計的手法である。また相関係数の算出は，2つの変数の間に関連性があるかどうかを検討するのに役立つ。これらの詳細については，心理統計に関する書籍を参照してもらうことにして，ここでは，観察データの分析でしばしば用いられるχ^2検定を用いた分析について紹介したい。

観察でしばしば得られる諸現象を度数で表すデータを，研究仮説に即して整理したときに，図7.2の下の段にあるような，2つの変数（時間帯と発話，あるいは時間帯と表情）の組み合わせによって示された表が得られる。これは，クロス表とよばれるものである。

まず，図7.2の左下にあるような，「朝」「夕」の2行，会話「あり」「なし」の2列からなる2×2のクロス表に対してχ^2検定を行えば，「スクールバスに乗車する大学生の会話の有無は，朝（通学時）と夕方（帰宅時）では，夕方の方が，会話が見られる」か否かの仮説を検証することができる。χ^2値を算出する計算式と自由度（df）は，図7.4のとおりである。

これをもとに，図7.2の左下のクロス表について，χ^2検定を行うと，次のようになる。

$$\chi^2 = \frac{200\times(30\times51-70\times49)^2}{100\times100\times79\times121} = 7.55$$
$$df = 1$$

自由度が1の場合，χ^2が6.63より大きな値をとれば，1%水準の有意な比率の違いがあると見なす（詳しくはχ^2分布の表が掲載された資料を参照されたい）。そのため，朝と夕方とでは，スクールバスに乗車する大学生の会話の有無の比率には違いがあり，朝よりも夕方の方が会話が見られると結論づけられることになる。

次に，図7.2の右下にあるような，「朝」「夕」の2行，表情「ポジティブ」「ネガティブ」「ニュートラル」の3列からなる2×3のクロス表に対してχ^2検定を行えば，「スクールバスに乗車する大学生の表情は，朝（通学時）と夕方（帰宅時）では異なる」か，否かについて検証することができる。クロス表の縦横のいずれかが3行（列）である場合のχ^2値を算出する計算式と自由度（df）は，図7.5のとおりである。

	カテゴリーI	カテゴリーII	カテゴリーIII	合計
条件1	a	b	c	U
条件2	d	e	f	V
合計	X	Y	Z	N

$\chi^2 = N(M-1)$

*Mの値は，すべてのセル（上の表ではa, b, c, d, e, f）の値の2乗を，各セルの値が加算されている左と下の合計欄の数値（上の表のaであれば，UとX）の積を割った値の総和。

$$M = \frac{a^2}{UX} + \frac{b^2}{UY} + \frac{c^2}{UZ} + \frac{d^2}{VX} + \frac{e^2}{VY} + \frac{f^2}{VZ}$$

自由度（df）＝（行数－1）（列数－1）
　　　　　＝（2－1）×（3－1）
　　　　　＝ 2

図7.5　R×Cのクロス表におけるχ^2検定の計算式と自由度
（上は2×3のクロス表の例）

これをもとに，図7.2の右下のクロス表について，χ^2検定を行うと，次のようになる。

$$\chi^2 = 200 \times \left[\frac{24^2}{100 \times 57} + \frac{6^2}{100 \times 14} + \frac{70^2}{100 \times 129} + \frac{33^2}{100 \times 57} + \frac{8^2}{100 \times 14} + \frac{59^2}{100 \times 129} - 1 \right]$$

$$= 2.64$$

$$df = 2$$

自由度が2の場合，χ^2が5.99より大きな値をとれば，5％水準の有意な比率の違いがあると見なす（詳しくはχ^2分布の表が掲載された資料を参照されたい）。そのため，この結果からは，朝と夕方とでは，スクールバスに乗車する大学生の表情のあり方には違いがみられないと結論づけられることになる。

4. レポートの作成

　観察データを整理し，分析を終えたならば，今回の研究成果についてのレポートをまとめる必要がある。レポートの形式は，心理学の学術論文の形式でまとめることにしたい。
　心理学の学術論文は，一般的には次の項目によって成り立っている。すなわち「問題」「目的」「方法」「結果」「考察」「引用文献」である。各項目に対しては，それぞれ記載したような留意事項があるので参考にしてもらいたい。

(1)「問題」部分の留意事項

　今回の研究に関連する，これまでの学術研究を通じた知見についてまとめる。そのうえで，今回の研究が，先行研究とどのように関連しており，またいかなる学術的意義をもっているかについて論じる。また，特に観察研究の場合は，扱う対象が，きわめて具体的な日常での現象であることから，今回の研究に関連する社会的背景についてまとめ，今回の研究成果がもたらす社会的な意義についても十分に触れる必要がある。さらに，研究仮説を提出することができる場合には，なぜそうした仮説が導かれるのかについても論じる。なお，記述は原則として現在形で記す。

(2)「目的」部分の留意事項

　問題における記述を踏まえて，今回の研究を行う目的について論じる。研究仮説がある場合は，仮説の検証をすることが主たる目的となる。なお，記述は原則として現在形で記す。

(3)「方法」部分の留意事項

　今回の研究目的を遂行するために，いつ，どこで，どのような研究対象に注目して，いかなる道具を用いて，どのような手順で研究を進めたのかなどについて，できるだけ具体的にまとめる。方法の記述で特に留意するべきことは，読み手が，記述内容を理解しさえすれば，まったく同じ研究を行うことができるように記すということである。とりわけ観察研究においては，記録用紙の内容，観察カテゴリーの操作的定義，観察場所の詳細などについては，図表を用いながら，明確に記すことが求められる。なお，記述は原則として過去形で記す。

(4)「結果」部分の留意事項

　得られたデータについて，客観的な観点で分析を行ったものについて報告する。特に心理学の学術論文においては，研究目的に沿って，統計的仮説検定や多変量解析を行いつつ，必要にして十分なデータを，図表を効率的に用いながら報告する。なお，記述は原則として過去形で記す。

(5)「考察」部分の留意事項

結果で得られた客観的な資料を踏まえて，はたしていかなることがいえるか，あるいはいえないかについてまとめる。あらかじめ仮説が示されていた場合は，その仮説がどこまで支持されたのか，あるいは支持されなかったのかについて論じる必要がある。さらにこうした論述を踏まえて，今後の研究課題についてもまとめ，次なる研究への示唆を与えておくようにする。なお，記述は原則として現在形で記す。

(6)「引用文献」部分の留意事項

今回のレポートを書くにあたって，引用した文献についてのリストを作成する。

以上の事項を押さえて書くことにより，心理学の学術論文の形式は保たれることになる。こうした形式を学ぶとともに，内容についてもしっかりと留意してもらいたい。

特に，研究レポートの作成においては，論理的であることはもとより，その内容が理解できるように，しっかりと推敲しながら書く姿勢が重要である。せっかく丹念な計画をもとに行われた観察研究であっても，レポートの内容が他人に理解されないようでは，それまでの努力はまったく報われないといってよい。もし，複数人からなるグループで協力し合って観察を行ったのであれば，レポートの作成についても，グループ内で相互に協力し合って，できるだけ論旨明快なものを仕上げようとする姿勢で臨んでもらいたい。

なお，これらのレポートの作成についての詳細は，本書シリーズの『心理学基礎演習 Vol.1 心理学実験法・レポートの書き方』に述べられている。参照されたい。

第2部　調查的面接法

1
調査的面接法の概要

　調査的面接法は，心理学の領域において使用されるデータ収集法の1つである。データ収集法には他に，観察法，実験法，質問紙法などがあるが，これらと比較して，どのような利点，魅力があるのだろうか。まずは，調査的面接法の特徴を概観してみよう。

1．調査的面接法とは

(1) 面接とは
　面接というと，どのような場面を思い浮かべるだろうか。

　身近な例として，アルバイトの採用面接を考えてみよう（採用する立場から想像してみてほしい）。まずは応募者の履歴書を見る。履歴書には写真が貼られ，経歴や資格や志望動機などが書かれている。どのような風貌か，その仕事をできるだけの技術をもっているか，明確な動機をもっているか，など，履歴書を見ればひととおりの判断はできる。

　しかしながら，大抵の場合，履歴書だけで採用するかどうかを判断することはない。直接顔を合わせて，面接を行うことになる。面接では，仕事の中身についての具体的な話をしたり，履歴書に書かれていることについて，より詳しい説明を求めたりする。そうしている間に，服装，髪型などの外見や，話を聞く態度，質問に対する受け答えの仕方を判断する。会話の内容や雰囲気から，仕事に対してやる気があるかどうか，仕事仲間とうまくやっていけそうかどうかを判断したりすることもある。このように，採用面接には，履歴書に書かれた内容だけでは把握できない，応募者についての多様で豊かな情報を得るという利点がある。このことは，さまざまな面接に共通してあてはまる大きな特徴でもある。

　「百聞は一見にしかず」という諺がある。何かを読んだり間接的に聞いたりすることに比べて，「実際に会ってみる」ことで得られる情報の多さは，容易に想像がつくだろう。

　ここで，面接を定義しておこう。一般に，面接とは「直接その人に会うこと」である（広辞苑第5版）。英訳するとinterviewで，interは「互いに」「相互に」という意味の接頭語，viewは「見る」「眺める」の意味をもつ動詞である。この2つが合わさった「互いに見る」の意味から，面接や対談を表す言葉として幅広く用いられるようになった。

　心理学の領域では，もう少し詳しく，「一定の場所において，人と人とが特定の目的をもって直接顔を合わせ，主として会話を通してその目的を達成しようとすることであり，目的によっては，非言語的要素も加味される」と定義される（心理学辞典，有斐閣）。

(2) 心理学の領域における面接の種類：臨床的面接と調査的面接
　心理学の領域における面接は，大きく2つに分けられる（図1.1）。

　臨床的面接は，クライエントの問題の解決に援助を与えることを目的とする。問題や悩みをもったクライエント（あるいはその周囲の人々）の希望に基づいて面接が行われる。面接では，言葉で感情や思考を引き出したり，あるいはクライエントの態度や表情，行動の直接観察から

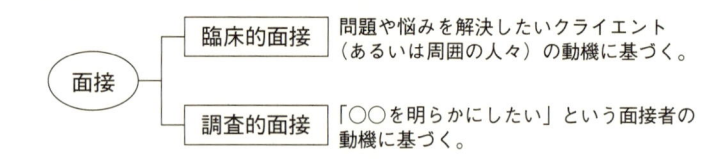

```
面接 ─┬─ 臨床的面接   問題や悩みを解決したいクライエント
      │              （あるいは周囲の人々）の動機に基づく。
      └─ 調査的面接   「○○を明らかにしたい」という面接者の
                      動機に基づく。
```

図1.1　心理学の領域における面接の種類

生の情報を得たりすることによって，クライエントの抱える問題の核心をつかもうとする。クライエントの感情，思考，あるいは行動に焦点を当てて対応するが，焦点を当てる側面は心理療法によって異なる。臨床的面接が行えるようになるためには，かなりの専門的な訓練が必要とされる。

一方，調査的面接では，何らかの心的現象を解明するためにデータを収集することを目的とする。研究をする面接者の側に動機がある。面接者は研究の目的に応じて，あらかじめ調べたい事柄を用意し，それを質問項目として面接を行う。

このように，臨床的面接と調査的面接では，その目的や動機の所在が大きく異なる。しかしながら，①対象者（クライエント）の心的過程を明らかにしようとすること，②対象者（クライエント）の話し方や表情・動作などの，実際に接することによって得られる多様な情報をもとにした，より深い人間理解を目指すこと，③対象者（クライエント）の表現を促進させていくような面接者のかかわり方（非言語的な姿勢，視線，あいづち，心構えなど）が重要となること，など共通した点も多いことを付け加えておく。

臨床的面接の詳細については，その領域の専門書を参考にしてほしい。以下では，調査的面接に関して，詳しくその特徴をみていこう。

(3) 調査的面接法とは

調査的面接法（以下，面接法）では，面接者が対象者と直接向き合って，会話を通して，対象者の意見，考え，感情，経験などをデータとして収集する。そして，それらのデータを分析し，結果を一般化したり個別に解釈したりして，さまざまな心理や行動を解明することを目指す。研究仮説の生成あるいは検証を目的とするという点では，他の心理学研究法と同じである。なお，調査的面接法を用いた研究の対象者は，被面接者，面接対象者，調査対象者などさまざまな用語で表現されるが，本書では「対象者」で統一する。また，研究を企画して面接を行う者を，「面接者」と表現することにする。

面接法の特徴を明らかにするために，ここでは質問紙法と比較してみよう。

面接法も質問紙法も，さまざまな心理や行動について言語を媒介として解明しようとする点で共通しているが，面接法の独自性は，対象者とのかかわり，相互作用を通じてデータを収集することにある。具体的には，次のような相違点がある。

・面接法では，1つの質問をして不確定な点などがあれば，補足や説明をして，さらに詳しく尋ねることができる。一方，質問紙法では，教示を読み飛ばしたり，項目を読み間違えたりして，回答に不備が見られるなどの問題が生じやすい。
・面接法では，時間をかけて丁寧にかかわることで，対象者の拒否的，防衛的な態度をやわらげたり，そうした態度を直接判断できる。一方，質問紙法では，動機づけが低かったり拒否的な場合には，回答が歪曲したりすることも多く，また，それを判断することも難しい。

しかしながら，長所は裏表で短所ともなる。特に以下の点に注意が必要である。

- 面接者が聞き取りたいことを明確にしておかないと，要点が把握できなくなって，研究データとして使用できなくなる場合がある。
- 一斉に大量のデータを取ることができず，多数の資料を得ることが難しい。また，分析の視点や解釈に面接者の主観が入りやすい。
- 面接者と対象者のかかわりが大きいからこそ，面接者の意図する方向へ対象者の回答を導く，いわば誘導尋問のようになる危険が大きい。

　面接者はこれらのことに配慮して，まずは，面接法がこれから調べようとすることに最適な手法であるかどうかを判断する（たとえば質問紙法による調査が可能な内容であれば，調査にかかる費用や時間，コストからみても，それを使うのがよい）。どのような目的で，どのような面接を行うのかについて慎重に検討を重ねることが重要である。

　また，面接者には，対象者とかかわりながらも，研究者としての自分の位置を保ち，その状況を外から客観的に見る目をもつことが求められる。その訓練も必要である。

2. 調査的面接法の分類

　面接法には，いくつかの基本的な分類がある。目的に応じて適切なものを選択しよう（何が知りたいのか明確になっていれば，自然と決まってくる）。以下に，仮説の有無，構造化の程度，対象者の人数，データ収集の形態による分類を示す。

(1) 仮説の有無
①仮説検証研究
　テーマについて，先行研究の知見やデータがあり，それらに基づいて，検証すべき説得力のある仮説が立てられる場合，仮説の成否を確かめるために，面接法によってデータを収集する。質問は仮説にかかわるものに限定されるので，それほど数は多くなく，体系的に構成されやすい。特に仮説検証研究の場合，面接者が先入観をもって面接に臨むと，偏った回答を引き出してしまう恐れがあるので，注意が必要である。

②仮説生成研究
　テーマによっては，仮説や切り口をもてない場合もある。これまでにあまり明らかにされていない事柄に関しては，その実態，全体的イメージを把握するため，あるいは情報を集めるために，面接法によって探索的にデータを収集する。もともと仮説を立てておくわけではなく，むしろ得られたデータに基づいて仮説を生成することを目的とする。質問はあまり構造化せず，自由な回答を求める場合が多いが，拡散しすぎないように，ある程度の予想を立てておくのがよい。

(2) 構造化の程度
①構造化面接
　一連の質問が，決まった順序でデザインされている。調査に先立って，必ずシナリオ（面接調査票）が作成される。客観的な手続きが明確に指定され，所要時間もほぼ決まっており，面接者はシナリオに忠実にしたがって面接を進める。このように細かく手続きや質問内容を決めた調査を全対象者に行うため，面接者による影響やバイアス（偏り）が少なく，より客観的で信頼性の高いデータを収集することができる。結果を一般化しやすく，追試を行いやすいという利点もある。その一方で，面接者にも対象者にも自由度の低い調査で，得られるデータは画一的・表面的なものに留まることが多い。社会調査や世論調査において多用されている。

②半構造化面接

探索的半構造化面接法ともよばれる。半構造化面接の枠組みは，構造化面接よりも緩やかで，何を質問すればよいかはある程度わかっているが，どのような回答がもどってくるか不明な場合に適している。構造化面接と同様にシナリオを作成して，一定の質問にしたがい面接を進めるが，対象者の状況や回答に応じて，追加の質問をしたり，説明を求めたり，対象者の答えの意味を確認したり，面接中に浮かんできた新たな疑問を投げかけたりする。構造と自由度をあわせもつことで，方向性を保ちつつ，対象者の自由な語りに沿ったより深いデータを得ることができる。

③非構造化面接

自由面接法，非指示的面接法ともよばれる。非構造化面接法では構造はないか，あるとしてもごく弱い。むしろ面接によって構造を探っていくのにふさわしい。面接者は話の流れをほとんどコントロールせず，その役割は非指示的，受容的である。得られるデータは内容が豊富で深く，主観的である。各面接ごとの情報量や内容が一定していないために，回答を量的な側面から客観的に比較することが難しいが，個々人の主観的な意味づけを解釈することを通して新しい仮説や理論を生成する研究にとっては，魅力的な手法である。

(3) 対象者の人数

①個人面接法

面接者1名・対象者1名

面接者と対象者は初対面の場合も多い。対象者が自分の気持ちや考えをありのままに語ることができるように，通常は1対1で行う。目的によっては，対象者の了解を得たうえで，面接に2人の面接者が参加し，1人が聞き役，1人が記録役というように役割分担をする場合もある。

②ジョイントインタビュー

面接者1名・対象者2名

同一のテーマについて2人から同時にそれぞれの話を聞く方法である。たとえば夫婦など。対象者が2人いると，1対1の面接よりリラックスしやすい。また，面接中の対象者間のコミュニケーションから，2人の関係についての情報を得ることができる。ただし，対象者が2名いることでそれぞれの話が歪んだり，対立したりするリスクも伴う。

③集団面接法

面接者1名・対象者3名以上

同一のテーマについて3人以上の対象者から同時に話を聞く方法である。対象者間の相互作用から生じたディスカッションのデータを得ることができる。どのような人がどのような意見をもっているのかといった情報を同時に得ることができる利点がある一方，発言順がわからなくなったり，発言内容が重複して整理しにくいなど，面接資料として不備になりやすい。

(4) データ収集の形態

①会場面接法

面接場所を設定し，そこに対象者に来てもらって面接を行う。

②訪問面接法

面接者が直接対象者の自宅や職場などを訪問し，面接を行う。

その他に，社会調査や世論調査では，街頭面接法（繁華街の路上などで通行人を対象に面接を行う），電話面接法（対象者に電話をかけて質問を読み上げ，回答を記録する），電子面接

法（インターネット，E-mail，ファックスなど多様なツールを使用してデータを収集する）などが用いられている。

3. 調査的面接法の過程

調査的面接法はどのような手順で行われるのか。詳細は後の章で順番に述べていくが，ここでは基本的な流れを確認しておこう。

STEP1　研究テーマの決定と適切な面接法の選択（第2章）

(1) 問題意識を明確にする。
(2) 調査目的を決める。
(3) 適切な面接法を選択する。
(4) 対象者を選択する。

STEP2　面接の企画とシナリオの作成（第3章）

(1) 質問項目を考える。
(2) シナリオを作成する。

STEP3　面接の準備と実施（第4章）

(1) 面接の準備をする。
(2) 面接の練習をする。
(3) 面接を実施し，トランスクリプトを作成する。

STEP4　面接結果の整理（第5章）

(1) トランスクリプトをながめる。
(2) データを分析する。
(3) 考察する。

STEP5　面接結果の文章化（第6章）

文　献

中島義明・安藤清志・子安増生・坂野雄二・繁桝算男・立花政夫・箱田裕司(編)（1999）．心理学辞典　有斐閣

新村　出(編)（1998）．広辞苑第5版　岩波書店

2
研究テーマの決定と適切な面接法の選択

　この章では，面接法で研究を行う際の最初の作業である，研究テーマの決定の過程について解説する。問題意識を明確にするまでの流れ，そこから研究目的を絞り込み，適切な面接の手法を選択するまでを扱う。テーマの決定の過程では，一人一人がもつ独特の感性（ひらめきや素朴な疑問など）を大事にしながらも，研究として探究できる状態まで練り上げることが大切である。

1．問題意識を明確にする

　面接調査を行ううえで，まず最初に決めなくてはいけないのが「何を調べるか」である。これは調査のテーマとなるものであり，論文や報告書を書く場合のタイトルにも大いにかかわるものである。日常におけるひらめきや直感を得ることを始まりとして，それを意識して目を凝らしたり，他人と情報を交換する段階，より社会的な視点，科学的視点からその現象を探る段階を経て，ようやく研究の構想段階に入ることになる（図2.1）。

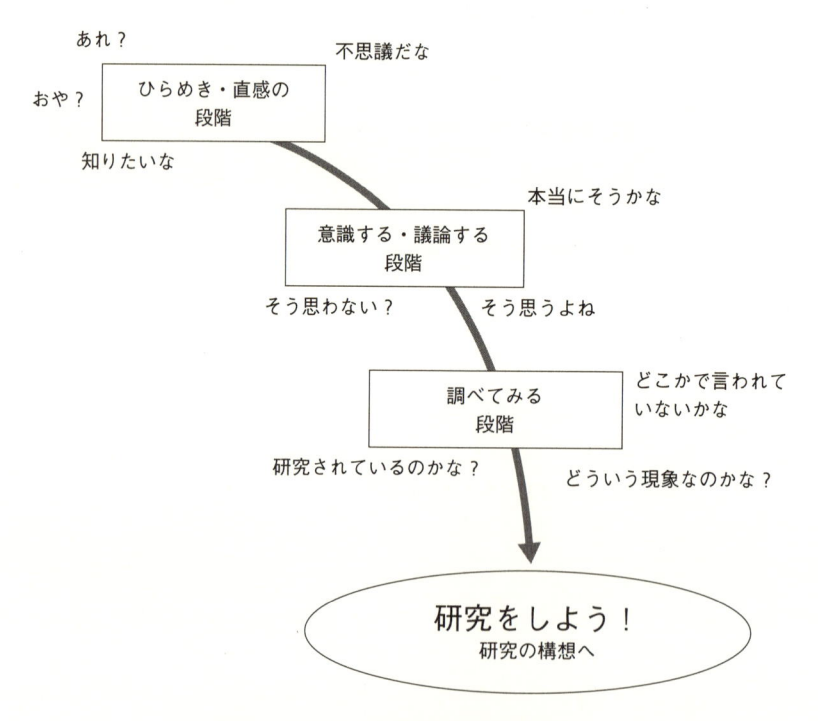

図2.1　ひらめき・直感から研究の構想へ

(1) ひらめき・直感の段階

私たちは，日々の生活の中で，何かしらを感じて生きている。何かが起こったとき，知ったときに，楽しいと感じたり，不快に感じたり，面白いと感じたり，また，つまらないと感じる。その中でも「あれ？」「おや？」「不思議だな」と感じることはないだろうか。その瞬間を逃さず，つかまえることで研究テーマの"タネ"を拾うことができる。「部活動のマネージャーになる人たちの気持ってわからないな」「学食の従業員の人たちは学生に対してあまりいいイメージをもっていないんだろうな」「タバコを吸っている女性ってなんとなく男性の場合より印象が悪い気がするな」など，ふと思うことを言語化してみたり，記憶に残すことが研究の発想の第1歩となる。ちなみに，この"タネ"拾いの最大の敵が「まあ，どうでもいいや」「考えるのが面倒くさい」「どうせわからない」という，考えることの放棄である。

(2) 意識する・議論する段階

"タネ"を拾ったら，次はそれをもう少し眺めてみよう。不思議に思ったことは，本当に不思議なのか，何度も意識して気にしてみる。また，家族や友人たちにその話をしてみるとよい。逆のことを考えている人もいるかもしれない。また，自分だけが感じていることではないとわかる場合もある。誰しもが不思議に思いながらも放っておかれた疑問であれば，それは十分に調べてみる価値がある。

(3) 調べてみる段階

ある程度まで"タネ"の価値が自分自身の中で確認できたら，もう少し視野を広げてじっくり考えてみよう。それが一般的に，また学問的にどのような現象としてとらえられているのか，またどのような用語で表現されているのかを調べる。現在では，インターネット，新聞，テレビ，雑誌，書籍，各種統計資料などのさまざまなメディアから情報を得ることが可能である。情報源（どのような人が書いたものなのか）や証拠の有無（どのような根拠をもとにしているか）などに十分注意しながら，多くの情報を集める。もしかしたら，自分の疑問は，すでに明らかになっていることで，説明を読んで納得するかもしれない。逆に，知りたいことがまだ調べられておらず，はっきりと説明されていない場合もある。

以上のように，ひらめき・直感を得て，意識・議論し，調べてみた結果，なお調べてみる価値があると判断できる場合に，研究の構想段階に入る。

2. 調査目的を決める

問題意識が固まった時点で，いよいよ研究の構想段階に入る。まずは面接調査で実施する調査の目的を絞り込む。言い換えると，どのようなことを明らかにしようとするのかはっきりとさせるということである。これが論文やレポートの「目的」として書くべき内容となる。問題意識が固まったとはいえ，どのあたりの研究をするかが決まっただけである。その状態では多くの場合にテーマが広すぎ，とても限られた時間の面接の中で聞き取れるような内容には納まらない。特に何を知りたいのか，どのようにまとめるのかを決めておくことが大切である。自分の考えを整理するために，また，レポートや論文の作成をスムーズに行うためにも，面接を行う前に一度，研究目的を文章にしておくことを勧める。単なる情報収集で終わらせないように，明確な目的を立てておこう。以下に調査目的を決めるうえで重要な点を挙げておく。

(1) 予想が大切

　仮説検証研究の場合は，あらかじめ仮説（面接結果の予想）を立てておく必要がある。仮説は調査を方向づける指針のようなものである。仮説の内容があいまいであると，質問の焦点が定まらず，無意味な質問に多くの時間をとられたり，必要な質問をしていなかったということになりがちである。また，仮説生成的な面接調査であったとしてもある程度の結果の予想が必要である。「何か結果が出るだろう」「とりあえず聞いてみればいいだろう」といった無計画な面接調査は，最終的にうまくまとめられず，そもそも何が知りたくて面接を行ったのかを見失うことが多い。また，ある程度の整理の仕方を決めておかないと，「いろいろな人間がいてみなさまざま」ということしか明らかにならない。同時に，あまりにも強固な仮説をもって面接に臨むと，結果が研究者にとって都合のよいように解釈されてしまうことも注意しなくてはならない。
　以下に「仮説」と「予想」の例を挙げておく。違いがわかるだろうか。
　「男性の方が女性よりも喫煙に対して肯定的なイメージをもっているだろう」（仮説）
　「日常生活で自己嫌悪に陥る場合，その契機にはいくつかパターンがあるはずだ」（予想）

(2) 面接調査だから生きてくる調査目的を

　本来ならば調査目的がまず決まり，その内容によって研究手法（面接法，質問紙法，実験法など）が選択される。調査目的がアンケートを用いる質問紙法や条件を統制する実験法では達成されない場合に，面接法を採用する意義がある。なぜなら面接法は，他の手法と比べて面接者と対象者にとって負担が大きいからである。特に「アンケートではできないのか」という問いは，面接法による研究を企画する段階から常に頭に置き，面接法を用いたからこそ導き出された結果をまとめるように心がけることが重要である。

(3) キーワードや表題を考える

　その調査がどのような部類の研究なのかを表すキーワードのメモを考えておくとよい。このキーワードは，関連する文献（書籍や論文）を検索する際に役立つ。また，調査の表題（タイトル）はこの段階までにほぼ固めておくとよい。表題は調査の内容をアピールする大切なものである。内容を具体的で簡潔に，そしてできれば魅力的に示すことが望ましい。
　以下に表題の例を挙げておく。参考にしてほしい。
　「喫煙者のイメージに及ぼす性別の効果」
　「人はどのようなときに自己嫌悪に陥るのか―自己嫌悪を感じるきっかけの検討―」

(4) 社会的・学問的な意義を考えて研究を位置づける

　研究のテーマ，目的，仮説が決まった後，その研究を実施する背景を整理してみる。これは，論文やレポートの「問題」の前半部分にあたる。調査テーマ，方法，仮説について検討することと並行して，関連分野の論文や関連する資料などを利用した文献調査を行うことが必要である。さまざまな文献を読むことにより，自分の調査したいことが何なのか，どのような方法で調査するのが適当か，どのような質問をすればよいのかについて参考になる情報を数多く得ることができる。

(5) グループ研究でのテーマ決定

　グループ研究（共同研究）を行う場合は，まず，お互いの関心（最近ふと思ったことなど）を話し合うことから始めるとよい。その後に，共通する関心あるテーマを探り，テーマを決定し，キーワード，仮説や予想，研究背景などを固めてゆく。次頁に演習で用いる整理シートを示す。

調査テーマと仮説，研究背景（グループ研究用）

グループ ＿＿＿＿＿＿＿＿＿
メンバー

（リーダーに◎）

研究テーマ：

キーワード：

研究背景：

3. 適切な面接の選択

(1) 適切な面接法の選択

　調査の目的が決まった後は，具体的な面接の企画に入る。まずは，テーマに沿った調査的面接法の選択をする（p.51 参照）。仮説の有無（仮説検証・仮説生成），構造化の程度（半構造化・構造化・非構造化），面接者と対象者の人数（個人面接法・ジョイントインタビュー・集団面接法），実施方法（会場面接・訪問面接・街頭面接・電話面接）など，研究テーマに適した方法を，研究実施の条件も勘案しながら選択する。

　仮説の有無，構造化の程度は，研究テーマによって異なる。人数に関しては，心理学では対象者1名に対して面接者1名で面接を行うのが一般的である。特に対象者間の相互作用を観察する意図がなければ，対象者の人数は他者の影響を受けない1名の方がよい。対象者が話しやすい雰囲気を作るという観点からは，面接者の方が対象者よりも数が多くなることは避けた方がよい。また，実施方法は基本的に会場面接が用いられる。面接法はあくまでも正式な調査であり，対象者との間には信頼関係を築きながらもある程度の緊張感を作ることが必要である。大学などの面接室やそれに準じた場所を利用するのが望ましい。

(2) 調査対象者を決める

　どのような人々（幼児，小学生，中学生，高校生，大学生，青年，成人，中年，高齢者など）を対象に研究を行うかを決める。調査対象は，テーマに適した対象であることが大前提である。また，ランダムサンプリング（母集団の代表として偏りのない対象者を選ぶこと）に十分に配慮する。対象者に面接調査を依頼し，受諾される可能性があることも重要である。

　対象者の最終的な人数だが，何人の面接データがあればよいかということについては，はっきりとはいえない。研究目的や内容，対象者の協力が得られやすいかどうかなどによって妥当な人数が決まるからである。一般的に20名以上の対象者に面接を行っているものが多い。数名では安定した結果が得にくいことから，少なくとも10名以上は必要であると考えておくとよい。

(3) 調査の実行可能性

　ある程度の予定が立った段階で，その調査が本当に実行できるのかどうか，もう一度考えてみよう（表2.1）。第1に時間である。演習や卒業論文の作成では，あらかじめ提出期限が決められている。期限内にすべてを終えられるかどうかを考えてみよう。第2に，予算面である。一般的に面接法は高額な費用がかかるような研究手法ではないものの，それでも諸費用がかかる場合が多い。どのような費用が必要で，それが払えるのかどうか，一度確認しておこう。第3に，対象者のリクルート（募集）である。たとえば，児童を対象としたい場合，その児童を

表2.1　面接の実行可能性のチェック

□時間：	演習の時間や卒業論文の作成の〆切までに，調査の企画から実施，分析，報告書の作成を終えることができるかどうか。
□予算：	面接場所のレンタル費，対象者への謝礼，資料の印刷費用などの経費の支払いは可能かどうか。
□対象者：	十分な数の対象者に参加してもらうことができるかどうか。
□面接の場所：	面接を行う場所を確保できるかどうか。

（鈴木, 2002 を参考に作成）

どこでどのようにリクルートするのかという問題が生じる。なるべく研究者の問題意識や研究目的に即した対象者であることが望ましいが，常に十分な数の対象者が集まるとは限らない。第4に面接の場所である。面接をどのように行うのかを考え，それに適した場所を準備することができるかどうかを検討しておこう。

(4) 具体例（「アルバイト経験に関する研究」のテーマ決定から面接実施まで）

ここで，アルバイト経験が大学生に与える影響（小平・西田, 2005）を例に，実際に行われた研究の面接実施までのプロセスを紹介する。

まず，2名の研究者の間でアルバイトに関する意見交換があった。互いのこれまでのアルバイト経験や，それらが職業選択や将来像にどのように影響していたのかについて，情報を交換した。おのおのが日常で，アルバイトについて考えるようになり，友人や同僚との会話でもアルバイトの話題をもち出すこととなった。またその会話の結果をもち寄って議論を行った（ひらめき・直感から意識する・議論する段階）。この段階では「アルバイトとは大学生にとって何か」という漠然としたテーマであった。続いて，学術論文，書籍，学会発表報告などを調べてみた（調べてみる段階）。これまでの研究では，大学生がアルバイトをどのように経験しているのかについては，断片的な調査しか行われていなかった。学会発表に比べ，心理学的なアプローチによる学術論文はほとんど見あたらなかった。特に，大学生が，何を考えてアルバイトを始め，どのような経験をし，なぜ継続して，そして辞めるのかについて，一連の過程としてとらえた研究は見られなかった。大学生の9割近くが何らかのアルバイトに従事している点，また，職業選択を迫られる時期でのアルバイトの影響の大きさを考えると，これらアルバイト経験の概要を包括的にとらえることは意義があると考えられた（研究の構想へ）。この段階で研究がスタートしたわけである。

続いて，調査目的を決める段階に入った。アルバイト経験を，開始から経験，終了までの一連の経験プロセスとしてモデル化することを中心に行うことにした。また大学生がアルバイトで何を得ているのかについても，職業選択への影響を含めて検討することとした。これに関してはとりたてて仮説もなかったため，仮説生成のための半構造化面接がふさわしいと考えられた。大学生を対象に，大学の面接室を用い，面接者と対象者の1対1の面接を行った。

文　献

小平英志・西田裕紀子　(2005)．大学生のアルバイト経験とその意味づけ　日本青年心理学会第12回大会発表論文集, 30-31.
鈴木淳子　(2002)．調査的面接の技法　ナカニシヤ出版

3
面接の企画とシナリオの作成

　研究の方向性が決まった後には，具体的に何をどういう手続きで聞くのかを決めなくてはいけない。まずは質問項目を考え，その質問の順番を決める。最終的に面接手続きを整理したシナリオを作成する。本章では質問の生成，シナリオの作成，面接の記録方法について述べていく。

1. 質問項目を考える

(1) 中心的な質問と周辺的な質問

　面接で用いる質問項目を考えるうえで，まずテーマに深くかかわる質問（ここでは中心的な質問とする）を考える。そのうえで，その他の質問（周辺的な質問とする）を加えていくと面接の企画がしやすい。

　まず中心的な質問であるが，テーマに直接かかわる質問を考える。面接は一度きりの状況で行われるものであり，質問に対する反応がデータのすべてになる。いかにテーマに即した反応が得られるかは質問の仕方にかかっているわけである。また，面接を行う目的が，人間の心理を明らかにするところにある以上，中心的な質問は客観的な事実ではなく，感情・態度などの主観的な部分を明らかにするものになる。

　たとえば，次のような場面を想像してみよう。

> **このような場合に何をどのように聞くか**
>
> あなたが大好きであこがれている有名人と，話をする機会が偶然にも訪れた。有名人は忙しく，限られた時間でしかあなたと話ができない。そこで，あなたは1つだけ質問が許された。その質問に答えたら有名人はすぐさま仕事に戻るという。

　自分ならばこのような状況で，どのような言葉を使って何を質問しようとするだろうか。たとえば，その有名人の好きな異性のイメージを聞きたいと思い，「好きな異性は，どのようなタイプですか」という質問をしたとする。しかし，果たしてこの質問を投げかけて，あなたの満足のいく回答は返ってくるだろうか。「優しい人です」という反応が返ってきた場合，それであなたの知りたかったその人の異性のタイプは明らかになったのだろうか。この知りたいことを知るためのたった1つの質問が中心的な質問である。面接者が知りたいことを的確に対象者に語ってもらうためにも，中心的な質問は適切な言葉が用いられなくてはならない。本当にそのような質問で知りたいことが対象者の口から語られるのかどうか，後述のような，質問と反応に関する十分なシミュレーションが必要となる。

　次に周辺的な質問だが，これには以下のようなタイプが考えられる。第1に，中心的な質問への文脈を作る質問である。突然，テーマの核心にかかわる質問を投げかけると対象者はとまどってしまうことがある。面接は調査の意図のある「会話」であるため，必然的に中心的な質

問が出てくるような自然な流れを作る質問が何問か必要となる。

　第2に情報の確認のための質問である。これはデモグラフィック変数（年齢，性別，出身地などの情報）の確認や，群分けのための質問などが含まれる。たとえば，喫煙者と非喫煙者で喫煙に対する態度がどのように異なるかを明らかにしたい場合，喫煙者か非喫煙者なのかを確認する質問をしなければ調査の目的は達成できない。

　また，第3に，テーマとは直接関連しないものの聞いてみたい質問を面接に盛り込むことも可能である。このような質問は，次の研究の新たな発想を生むこともある。ただしこの種の周辺的な質問が研究テーマを混乱させることも理解しておこう。

　では，質問はどのように作るとよいのだろうか。質問を考えるプロセスをまとめたものが図3.1である。まず質問を考え，文章にする（A）。次に，対象者の質問に対する反応のパターンをいくつか予測し（B），それが研究テーマに即しているか，知りたいことを知りうる反応であるのかをよく吟味する（C）。その質問から得られる反応のいくつかの予測が満足のいくものであれば，その質問を採用する（D）。もしそうでなければ質問を考え直す（A）。特に重要なのが，BとCの予測の部分である。この予測を繰り返し，質問に使う言葉・表現・例などを十分に練っておく。

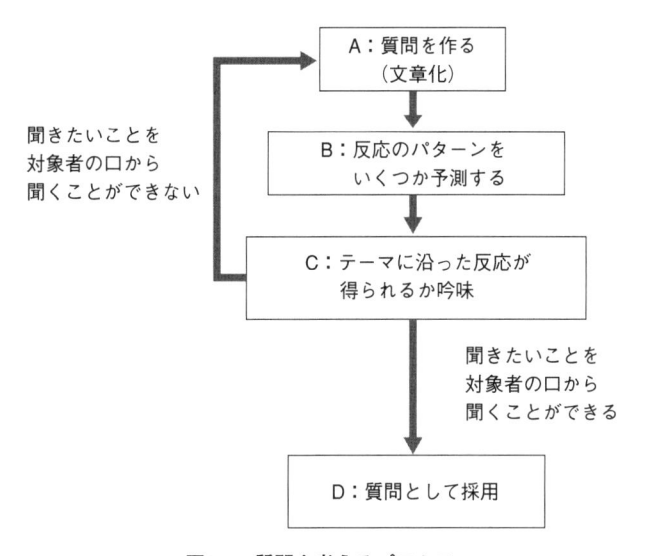

図3.1　質問を考えるプロセス

（2）追質問を上手に使う

　質問に対しての対象者の反応が，こちらが聞きたいことと異なることがある。また，対象者の反応に関して，もう少し詳細に聞いてみたい場合もあろう。そのようなときには，最初の質問に加えて追加・追求の質問を行う。これを追質問という。追質問は，あらかじめ対象者のいくつかの反応パターンを予測しておき，どのような反応の場合，さらにどのような言葉を用いて質問を行うのかを決めておく必要がある。周辺的な質問について追質問を重ねると面接が冗長になる。追質問が必要になるのは中心的な質問についてのみである。反応パターンによって枝分かれ式に追質問を考えておこう。

（3）質問の仕方

　質問には次の2種類がある。質問の意図と流れに沿って上手に組み合わせて使用するとよ

い。
①閉じられた質問（closed question）
「はい」「いいえ」で答えられる質問を指す。いくつかの選択肢から選ぶように求める場合もある。答えやすい質問形式だが，多用すると面接法のメリットがなくなり，アンケートによる質問紙調査で得られるものと同様な結果となる。構造化面接で多用される。例を挙げておく。
「あなたは，心理学を学ぶと他人の心が読めるようになると思いますか？」
「衝動買いをした後で，後悔しましたか？」

②開かれた質問（open question）
対象者が自由に回答することのできる質問を指す。いつ（When），どこで（Where），誰が（Who），誰に（Whom），なにを（What），どのように（How）の5W1Hに対応した質問が含まれる。開かれた質問は，反応が自由であるため，逆に対象者が回答に困る場合もある。対象者がうまく反応できない場合の追質問を考えておくことも重要である。半構造化面接，非構造化面接で多用される。例を挙げておく。
「心理学を学んだ人というと，どういう人をイメージしますか？」
「衝動買いをした後は，どのような気持ちでしたか？」

2．シナリオの作成

作成した質問（中心的な質問や周辺的な質問）を並べ，面接開始から面接終了までの一連の流れを考える。この一連の流れを整理したものを「シナリオ」とよぶ。特に面接者が2人以上である場合には，面接の内容を一定にするために具体的で詳細なシナリオが必要である。

面接を実施した人たちからは，「もう一度やり直したい」という声を聞くことがある。実施してみて初めて，そこで聞かなくてはいけなかったこと，もう少し質問を重ねるべきであったことなどが見えてくることもある。そのようなことのないように，つまり，一度の面接の実施で聞きたいと思うことが聞き出せるように，シナリオは十分に洗練しておこう。なお，ある程度のシナリオの原型ができあがった時点で，面接の開始から終了まで，おおよそどのくらいの時間がかかるのか，検討してみることも必要である。

(1) ラポートの形成

面接では，対象者との間にある程度の信頼関係を築くことは必須である。特に自らの心の内をさらけ出すことを求める場合では，どこまで本心を聞き出せるかは対象者との信頼関係によって決まってくる。言い換えるならば，対象者に「この人に話したい」「この人になら話してもよい」と思わせることができるような面接者であるかどうか，ということである。しかし，限られた時間の中で対象者の反応を探る面接法では，十分な信頼関係を築くための時間をとることが難しい。自己紹介や調査概要の説明などを工夫して，対象者に安心感を与え話をしてもよいという気持ちを引き出すように努めることが重要である。「話したい」「話してもよい」と思わせるような人物像とはどのようなものなのか，表現の仕方や姿勢，仕草，態度などを一度考えておこう。

(2) 自己紹介と調査の説明

一般的に相手と会話を始める際には，まず自己紹介をするのが礼儀である。面接においても，まずは面接者の自己紹介から始めるのがよい。やはり素性の不明な相手に自分に関する話をすることは，誰でも抵抗を感じるものである。対象者が話してもいいと思うかどうか，また面接の時間を心地よいと思うか不快に思うかを決める1つの鍵が，この自己紹介にあることを覚え

テーマ：アルバイト経験が進路選択に及ぼす影響

①自己紹介
　　　　本日は面接調査にお越しいただき，ありがとうございます。私は心理学専攻の＿＿＿＿＿＿＿＿です。よろしくお願いいたします。

②面接の概要の説明
　　　　この面接ではアルバイトについてと，あなたの考えている将来についてお聞きしたいと考えています。もし話したくないと感じる質問がありましたら，話したくないとおっしゃって下さい。それ以上はお聞きしません。

　　　　これからお話しいただくことをMDで録音したいのですがよろしいでしょうか。録音したものは研究以外の目的で使用したりしませんし，厳重に保管します。

③アルバイト歴の記入
　　　　これまでのアルバイト経験を整理したいのですが，ここに，アルバイトの職種とその時期を記入していただけますか。

　　　　※アルバイト歴の整理票に記入を求める。

④アルバイトの影響（中心的な質問）
　　　　アルバイトの影響：アルバイトを経験したことによってなにか変わったことはありますか。
　　　　　　　　　　　　（Yes, No）
　【追質問】　影響の内容：　　どのような影響があったと思いますか。
　　　　　　　アルバイト：　　最も影響があったのはどのアルバイトでしょうか。
　　　　　　　具体的な場面の例：たとえばどういうときですか。

　【追質問】　影響がない場合は確認
　　　　　　　アルバイトをしてもしなくてもたいして変わりなかったということですか。

⑤将来について
　　　　あなたは今現在，将来についてどのように考えていますか。

　【追質問】　将来像が出てこなかった場合　卒業後はどうなると思いますか。

　　　　なぜ：なぜそのように考えるようになったのですか。
　　　　いつ：いつ頃からそう考えるようになりましたか。

⑥終了
　　　　以上です。本日は，ありがとうございました。
　　　　※謝礼を渡す。結果報告の方法を告げる。

図3.2　シナリオの例

ておこう。さらに，面接の中でどのようなテーマに関して話を聞こうと思っているのか，ある程度は対象者に伝えることも必要である。ただし，対象者に不必要な先入観を与えないために，調査の仮説や詳細な調査目的を伝えることは避けた方がよい。

(3) 中心的な質問と周辺的な質問をする

　質問を並べる際には文脈に注意する。ころころと話題が変わったり，同じような質問が散在しているシナリオは不適当である。「ところで」「先ほどの話とはちょっと違うのですが」といったつなぎの言葉が必要になるようならば，もう一度質問の並べ方を考えてみた方がよい。

　基本的には，情報の確認の質問から始まり，中心的な質問への文脈を作るいくつかの周辺的な質問を行う。その後で中心的な質問を行い，最後に聞いてみたい質問を行って終了という順番が自然である。面接のやりとりが，会話として自然と流れていくのかどうかがポイントである。後述のシナリオが完成した段階で，実際に面接を行ってみることで，質問の順番が不自然でないか確認しよう。

(4) お礼と研究概要の説明・研究の結果報告方法

　面接の最後はお礼等で終了する。必要な場合には謝礼を渡す。対象者が研究結果の報告を求めることが予想される場合には，その報告方法などを伝えることも必要となる。

(5) 質問紙等の面接資料

　面接法に質問紙を用いることもできる。面接中に質問紙に回答を求め，それを発話とともに分析の資料としたり，その場で質問紙の回答を指さして，追質問を行っていくことも可能である。たとえば，これまでの学校教育でのクラスの様子がどうであったのかを聞くために，小学校から高等学校までのクラスの男女の人数比を書き出すように求める。これにより，各学校段階の男女比によって，クラスの様子についての発話内容が異なるのかどうか，分析が可能となる。また，「では次に，この，男性が多かった中学校のときの様子についてお聞きしたいのですが」などと，質問紙の回答をともに確認しながら面接を進めると，対象者も想起しやすく，面接のその時点で何が話題となっているかも明確になってよい。

4

面接の準備と実施

　研究テーマが決まり，具体的な質問項目を練って，シナリオを作成したら，いよいよ実際の面接を想定した準備を行う。本番の面接は1度きりである。実施後に「こうすればよかった」と後悔することのないように，しっかりと時間をかけて確認をしてから面接に臨もう。

1．面接の準備

(1) 対象者への依頼

　研究テーマにあった対象者に面接を依頼する。直接会うか，電話やメールで依頼するのが一般的である。依頼の際には，研究の目的や意義を面接内容に支障がない程度に示す。さらに，秘密やプライバシーは厳守されること，発言するかどうかは対象者本人の意思によるものであること，などについてもふれておくとよい。承諾が得られたら，面接日時と場所の調整を行う。その場で詳細が決まった場合でも，内容を確認するために，面接日時や場所，面接者側の連絡先などを記載した文書やメールを送付しておく。

　また，対象が自分の大学の学生であり，学内で面接を行うような計画の場合，授業時間を利用して対象者を探すことがある。そのような場合は，授業担当の教員にあらかじめ相談して，授業が始まる前や終了後に，教室で研究の目的と意義を説明して，協力の有無，都合のよい日時，連絡先を記入してもらう紙を配布するとよい。早々に面接実施日時を調整して連絡するとともに，面接の前日には「明日よろしくお願いいたします」と，依頼した学生には確認のメールを入れるなどの工夫をすると確実である。

　依頼時の印象は，面接者に対する見方，面接への動機づけなど，実際の面接に大きく影響するので，誠実な依頼を心がけよう。

(2) 機器の準備

　ICレコーダー，MD，テープレコーダー，ビデオカメラ等の機器を準備する。正常に動くかどうかを確認するのはもちろん，実際に何度か練習しておこう。録音・録画することは，対象者を緊張させたり，神経質にさせたりするかもしれない。できるだけ自然な雰囲気で録音・録画の許可を得て，面接に入るためにも，面接者が機器の扱いに慣れておくことは重要である。

　MDやカセットテープなどには，面接日時，場所，対象者のIDナンバー，面接者氏名，テープ番号などを書き入れておく。予備のテープや電池なども用意しておくとよい。機器の故障や操作の不慣れによる失敗，カセットテープやバッテリーの不足などがあると，貴重なデータを無駄にしてしまうことになる。十分に配慮しよう。

(3) 面接場所の確保

　面接は，面接者が設定した場所で行ったり（会場面接法），対象者の自宅で行ったり（訪問面接法）とさまざまである。身体が不自由で移動が困難だったり，日中に仕事をもっていたり

して，面接者が対象者の自宅を訪問するときには対象者の意向に任せることになるが，その際には，家族がまわりにいることで話しにくい内容ではないか，などに気を配る必要がある。

面接者が場所を設定できる場合には，静かで第三者の出入することのない所を選ぶ。複数の対象者に面接を行う場合，できるだけ，同じ場所を使うようにする。状況によって反応が異なることもあるため，同じ場所が無理であっても，類似した場面で実施できるように工夫しよう。一般的には，大学の面接室などを用いて実施する。

事前に直接，場所を確認して，机と椅子をどのように配置するか，どこに機器を置くか，などをイメージしておくとよい。対象者が不案内な場所の場合には，待ち合わせの仕方もあわせて考えておこう。

(4) 記録用紙の印刷

ICレコーダーなどを用いて録音する場合にも，面接内容をメモする記録用紙は用意しておくとよい。要所を記入しておくと，面接終了後に録音を整理する際に役立つ。また，録音・録画を拒否された場合には，記録用紙への記入が頼りとなる。シナリオにメモ欄を設けて，それを記録用紙として用いても便利である。記録用紙には，面接日時，場所，対象者のIDナンバー，基本属性，面接者氏名，録音テープ番号などの記入欄を作り，事前にわかるものについては書き入れておく。また，対象者や面接全体についての印象や，面接にかかった時間を記入する欄などを作っておくと，データの信頼性の評価などの参考になる。

(5) その他，準備しておくもの

面接に使用するアンケートなどがあれば準備する。その際には，筆記用具も忘れないようにする。面接者が持っているシナリオや記録用紙が対象者に見えない方がよい場合には，クリップボードがあると便利である。謝礼を渡す場合には，あらかじめ用意しておくこと。

2. 面接の練習

(1) 予備面接

面接者が不慣れで不安そうな様子を見せると，対象者も落ち着かない。データの信頼性も損なわれる。したがって，複数の対象者に面接を行う場合にも1人目から安定した面接ができるように，あらかじめ訓練を行う必要がある。また，グループ研究のように，複数の面接者によってデータを収集する場合には，面接者側の要因が統制されているか（すなわち，すべての面接者が同じように面接を行っているかどうか），前もって確認しておくことが重要である。

実際に，研究目的を知らない個人を対象として，本番さながらの予備面接を行ってみよう。落ち着いて面接を行うことができるかどうかを確認するとともに，わかりづらい質問項目がないか，面接がスムーズに進行するか，などについてもチェックする（図4.1）。時間をかけて練りあげて，これで完璧だと思ったシナリオでも，実際に面接を施行してみると，いろいろなつまずきが出てくるものである。少し順番を入れ替えるだけですっきり進行する場合も多い。「予備面接⟷シナリオ修正」を何度か繰り返して，精度の高い面接を目指そう。

(2) 対面の仕方の工夫

対象者が話しやすい状況を作るために，対面の仕方にも配慮する必要がある。面接者と対象者の座る位置には，以下の3つのパターンがある。

　　対面型：お互いに向き合って座る。
　　L字型：90度の位置に座る。

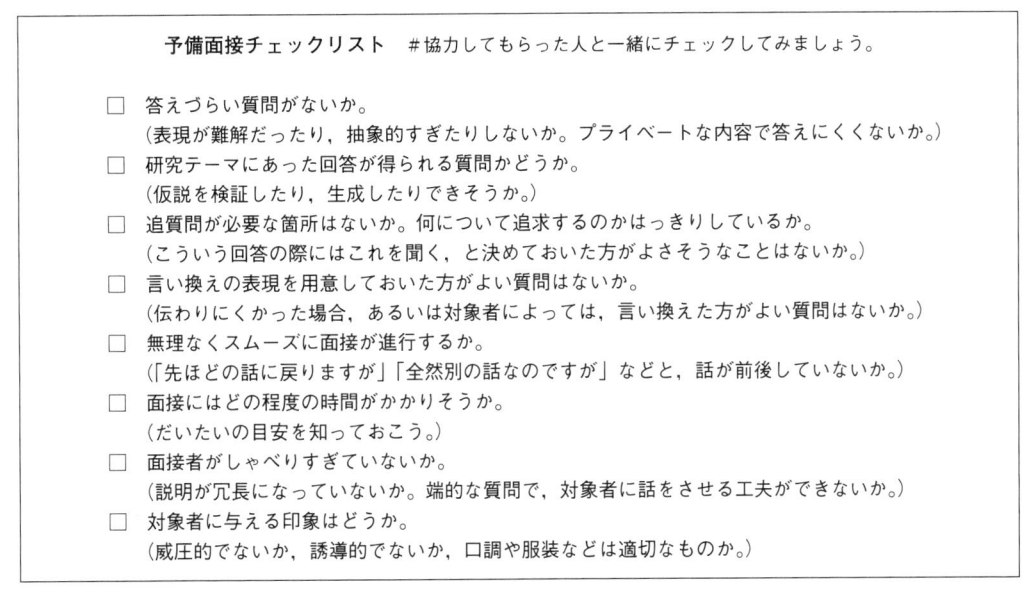

```
┌─────────────────────────────────────────────────────────────────┐
│           予備面接チェックリスト    #協力してもらった人と一緒にチェックしてみましょう。│
│                                                                 │
│   □ 答えづらい質問がないか。                                      │
│     （表現が難解だったり，抽象的すぎたりしないか。プライベートな内容で答えにくくないか。）│
│   □ 研究テーマにあった回答が得られる質問かどうか。                 │
│     （仮説を検証したり，生成したりできそうか。）                   │
│   □ 追質問が必要な箇所はないか。何について追求するのかはっきりしているか。│
│     （こういう回答の際にはこれを聞く，と決めておいた方がよさそうなことはないか。）│
│   □ 言い換えの表現を用意しておいた方がよい質問はないか。           │
│     （伝わりにくかった場合，あるいは対象者によっては，言い換えた方がよい質問はないか。）│
│   □ 無理なくスムーズに面接が進行するか。                           │
│     （「先ほどの話に戻りますが」「全然別の話なのですが」などと，話が前後していないか。）│
│   □ 面接にはどの程度の時間がかかりそうか。                         │
│     （だいたいの目安を知っておこう。）                             │
│   □ 面接者がしゃべりすぎていないか。                               │
│     （説明が冗長になっていないか。端的な質問で，対象者に話をさせる工夫ができないか。）│
│   □ 対象者に与える印象はどうか。                                   │
│     （威圧的でないか，誘導的でないか，口調や服装などは適切なものか。）│
└─────────────────────────────────────────────────────────────────┘
```

図 4.1　予備面接チェックリスト

同方向型：お互いに同じ方向を向いて（並んで）座る。

　対面の仕方という外的条件でも，面接者や対象者に微妙な影響がある。面接内容や対象者，面接場所の様子（窓があるか，入口の場所がどこか）などによって，適切な位置も異なる。予備面接などで，実際に3つのパターンをためしてみて，「この座り方だと相手は緊張しそうだ」とか，「少し目線をはずす方が話しやすいようだ」など，考えてみよう。対象者が落ち着き，安心して話をすることができるよう，対象者側の気持ちを想像することが大切である。

(3) 話の聞き方の工夫

　面接は，日常会話とはずいぶん異なる。面接者は会話を通して，対象者の意見，考え，感情，経験などをデータとして収集する。データとして得られる情報の質や量は，対象者の協力の度合いだけでなく，面接者の話の聞き方によっても大きく左右される。

　予備面接では，以下の点に留意しながら面接を進める訓練をしてみよう。

・対象者の反応に対して，中立的な立場であることを心がける。
・姿勢や話し振りなどから，対象者の話し方の感じをつかみ，話のペースに合わせて応答する。たとえばゆっくりと考え考え話す人にてきぱきと応答しては，かみ合わない場合がある。
・対象者の主体性を尊重する。自分の意見や考えは意識的に排除して，対象者の枠組みで話を聞く。自分の意見や考えを言ったり，過度に質問して話の腰を折ったりすることのないようにする。
・質問-回答の文脈を意識しながらタイミングよく質問できるとよい。文脈をはずした質問をすると，そこで話が終わってしまうことがある。流れを追いながら柔軟に。
・対象者の話が次々と出てきて整理が必要な場合には，話の合間をつかんで，内容や問題をそのまま要約してみる。
・話が途切れて沈黙が続いた場合，不用意に間を取り繕ったりしない。沈黙には，次に言うことを考えていたり，慎重に自分を探っていたり，といろいろな意味がある。
・面接場面をマネジメントするのは面接者自身である。対象者が自由に話せる雰囲気を作りながら，研究に必要な情報を確実に収集できるようにさりげなくリードしていくことが重要で

ある。

3. 面接の実施とトランスクリプトの作成

(1) 基本的な態度
　面接者は，派手な服装は避ける。対象者が話しやすい環境を作るよう服装や態度，振る舞いをよく考えよう。また約束の時間をまちがえたり，遅刻したりすることのないように十分注意する。面接時には，方言や専門用語など，対象者に通じない，あるいはわかりづらい言葉を使用しないように気をつける。

(2) 面接の実施
　作成したシナリオに沿って面接を進める。自信をもって臨もう。

(3) 面接終了後の作業
　面接の直後には，発言の内容をよく覚えているものだが，時間がたつにつれて記憶も薄れていく。特に複数の対象者に面接を行っている場合など，後から記憶をたどって思い出そうとしても混乱することが多い。面接が終わったらすみやかに以下の作業をしておくとよい。

・IC レコーダーなどの録音・録画状況のチェックを行う。もし，録音に失敗していたり，雑音が入って聞き取りにくかったりしたら，すぐに思い出せる限りのことを書きとめておく。
・面接の内容を思い出して，対象者や面接全体についての印象や，興味深かった発言，面接にかかった時間などを記録用紙に書いておく。
・情報（特に属性など）として聞きもらしたことがないかチェックする。万一，確認したいことが出てきた場合には，早急に問い合わせをする。

(4) トランスクリプトの作成
　面接法では，面接中に対象者が話した内容が，分析するデータとなる。IC レコーダーなどに録音・録画した内容を文字に書き起こすことを「テープ起こし」とよび，その転記記録を「トランスクリプト（transcript）」という。このトランスクリプトが，いわゆる素データ（raw data）である。
　対象者の微妙な表現を正確に再現するために，またプライバシー保護のために，テープ起こしは面接者自身が行うのが基本である。まずは，テーマに無関係な部分も含めて，対象者の語り口を忠実に再現して，すべてを文字化してみよう。対象者が話した内容はもちろん，どのように話したかということも重要である。笑ったり，間があったり，あいづちをうったり，なども書き入れておく。その後，研究の目的に応じて必要な箇所を抜き出したバージョンを作るとよい。
　最近では，トランスクリプトの作成をパソコンのワープロソフトなどを用いて行うことが多い。電子化しておくと，分析を行ったり，図表を作成したりする際に便利である。図4.2のように，書き方のルールを決めておくとわかりやすい。

対象者ID： 01
面 接 者： 武藤
面接日時： 2007 年 4 月 1日 （ 16：00 ～ 16：30 ）
面接場所： T大学　202　教室

──● 任意のアルファベット
（Aさんは，今現在，将来についてどのように考えていますか？）──●面接者の発話：（　）

＜将来ですか。うん，難しいですね。―しばらく悩む―＞──●対象者の発話：＜　＞

（卒業後の自分って，何となく思い浮かびます？　こんな職業につきたいとか）

＜あ，そうですね。新聞社とか＞
　　　　　　　　●特徴的な間

（新聞社とか……）

＜いろんなところに行きたくて。仕事で取材とか＞

（いろんなところに行きたい……）

＜あと，文章書くのが好きっていうか，苦手じゃないところもあって＞

（ええ）

＜新聞，よく読むし，あと，スポーツの雑誌とか買って，コラムとか読んだりして，そういうライターとか，ちょっといいなと思ってます＞

（将来，そういう文章書いたりとか，取材でいろいろ行ったりとか，そんな仕事をやってみたいってことですか）
　　　　　●表情・感情など
＜はい，いいですね。―笑う―＞

（いつ頃からそのように考えるようになったんでしょうね）

＜えーっと，大学に入ってからですね。大学2年くらい。高校のときは学校の先生になりたいって思ってたんですけど……，大学に入って，新聞とか読むようになって，いろんな人に会って，なんというか……考えが変わってきましたね。＞

図4.2　トランスクリプトの例

5

面接結果の整理

　面接を終えて，トランスクリプトを作成したら，データがそろったことになる。いよいよデータを分析して，結果を解釈する段階である。研究目的に応じて，面接結果を整理していこう。

1. 結果の整理のアウトライン

(1) 目的の再確認
　膨大な量のトランスクリプトを前にして，何から手をつけていいか途方にくれている姿を目にすることがある。面接を行っているときにはいろいろな発言が聞けて面白かったのだが，いざ終わってみると，どう分析していいのかわからないという。
　そのような場合，まずは何が知りたかったのか，研究の目的を再確認する。そして，トランスクリプトにじっくりと目を通してみよう。「この意見は特徴的だ」「こう考えるのが典型的なんだな」「○○な人は△△と答える傾向がありそうだ」など，次第に様子が見えてくる。グループ研究の場合には，おのおのが感じたことを自由に話し合ってみよう。対象者の発話に，何らかの秩序やパターンが発見できるとうれしい。また，複数の対象者に面接を行う場合，実際の面接中に注目すべき特徴が見えてくることも多い。その印象も解釈に生かせるとよい。

(2) 結果の整理の基本
　(1)の視点や解釈には，面接者の主観や印象が混在している。研究としてまとめるためには，研究にかかわっていない第三者を納得させるような客観的な証拠を提示する必要がある。
　面接法のデータを分析する際の，基本的な方針を示してみよう。
①対象者の基本的な属性を集計する
年齢，学年，性別など。
②質問に対する反応について検討する
閉じられた質問の場合：回答を集計する。
開かれた質問の場合：カテゴリーを生成し，発話例をまとめる（p.72参照）。
③複数の質問を取り上げて，その関連を分析する
「この質問で○○と答えた人は，あの質問で△△と答える傾向がある」
④特徴的な事例を抽出して検討する
典型例を抽出する。
少数例を抽出する。
⑤上記の結果に基づいて，モデルを図示してみよう

　面接法は，結果の示し方にオリジナリティを発揮できる手法である。以上の基本的な事柄を押さえたら，後は独自の魅力的なまとめ方を考えてみよう。

(3) 考　察

以上のように結果が整理できたら，主要な部分を視覚的にわかりやすい図表やグラフなどに示す工夫をしよう。後は，研究目的に対応させて，問題提起に対する答えを述べていく。

仮説がある場合には，仮説は支持されたか否か，あるいはどの部分が支持され，どの部分が不支持であったかについて，明らかにする。特に支持されなかった場合には，その理由もあわせて検討する。もともと仮説はなく，仮説を生成することが目的である場合には，得られた仮説とその内容を説明する。仮説検証研究，仮説生成研究いずれの場合にも，整理した結果を根拠として結論を導くことが重要である。さらに，先行研究や既存の理論と照らし合わせる。本研究の結果が当該の研究分野にどのような貢献をするのか，考えてみる。

最後に，本研究で足りなかったことや，今後の課題についても簡潔に述べておこう。

2．結果の整理のポイント：開かれた質問の分析がカギ

開かれた質問に対する回答（自由回答データ）の分析は，面接法の醍醐味の1つである。特に研究上の中心的な質問に関しては，カテゴリー化などを行って，データ全体としての抽象化・普遍化を目指すとともに，典型例や少数例を抽出することにより，対象者の内面をリアルに描き出す工夫ができるとよい。

いくつか基本的な手順をまとめてみよう。以下はp.63のシナリオ例の一部である。

例：大学生はアルバイトの経験から何を得ているか

アルバイトは，大半の大学生にとって，日々の主要な活動のひとつとなっている。彼らはお金を稼ぐ以外にも，アルバイトの経験から何か影響を受けているのだろうか。どこか成長したと感じているのだろうか。大学生30名に，半構造化面接を行った。

「アルバイトを経験したことによって何か変わったことはありますか」
　　↓（はい，と答えた場合）
「どのような影響があったと思いますか」
「最も影響があったのはどのアルバイトでしょうか」
「たとえばどういうときですか」

---

(1) カテゴリー化する

発話内容の類似性や相互関係などを分類・整理して，カテゴリーを作ろう（表5.1）。下位カテゴリー，上位カテゴリーというように，構造が見出せると面白い。各カテゴリーには気の利いた名前をつけて，発話例も示しておく。カテゴリー化には，KJ法（川喜田, 1986）などが参考になる。

次のような作業を繰り返すことが多い。
①開かれた質問に関する回答をトランスクリプトから抜き出して，カードにする。
②類似した回答のカードを集めて小グループを作り，名前をつける（下位カテゴリー）。
③類似した小グループを集めて大グループを作り，名前をつける（上位カテゴリー）。

(2) カテゴリーの反応数を数値化する

カテゴリーに分類したら，集計をしてみよう（図5.1）。どのような反応が典型的なのか，あるいは少数例なのか，全体的な傾向を示すことができる。また，研究の目的や仮説によっては，対象者の属性や特性と関連づけた検討を行うこともある。

表 5.1　カテゴリー化の例（大学生がアルバイト経験から得ていること）

カテゴリー（上位・下位）	発話例（トランスクリプトから抽出）
対人領域	
対人スキルの獲得	・早くから年上の人とかいろんな立場の人と接することができたから，人と話すときにすごいその経験が役に立っている。 ・仲良くない人との共同作業をするっていうことですよね。人間関係，社会的な人間関係を作ってそれを維持するってことはアルバイトから学んだことです。
社会的マナーの獲得	・なんか，どんなに気にくわない人でも，年上のいうことは聞いた方がいいなっていうか。社会をなめてる，甘いとかいわれて。まあでもやっぱ実際そうだったな，と思って。 ・敬語がしゃべれるようになりました。聞いて覚えたりとか，しゃべっているうちに自分の言葉になってくる感じ。
対人関係の広がり	・いろんな人の人生に触れた感じがする。いろんな人が入って辞めたりすると，いっぱい知り合うじゃないですか。その中で。 ・なんかいろんな人がいてうまくいかないっていうのもあるし，何となくうまくいってるなっていうのもあるし。我の強い人とか，逆に人付き合いのうまい人を見たり，いろんな人を見ましたね。
仕事領域	
働くスキルの獲得	・仕事するうえでは情報の受け渡しとかが必要。仕事ってものがわかるようになった。要領とか，テキパキするやり方とか。 ・何でもかんでも，なんか一生懸命に必死にやりすぎると息がつまるから，うまいことやらないといけない。ほんとに重要なものを大切に，手をぬかずに一生懸命できるのは大事なことかな。
仕事の厳しさへの気づき	・やっぱり大変だなって思いましたね，働くのは。働いて稼ぐのは大変だな，と。やっぱりけっこうストレスがたまりますし。本当にちょっときついなって。 ・子どもとかかわる大変さを知ることができた。実際将来そういうことをやりたいと思ったら，ある程度の覚悟が必要だな，と。
経営・組織の理解	・経営者を見て，こういう人はうまくいくなって思ったり，あと発注やってても，ほんとに売上に直結してくる，自分の責任になってくるし，売り場変えただけで売れるようになる，とか。 ・家庭教師以外はある組織があって，その組織の中で動いていくっていう流れがあって，そういうなかで，流れに対する好き嫌いっていうか評価する目っていうか，そういうのがあるな。
世界・視野の拡大	
新たな知識の獲得	・その分野に詳しい知識をもてたっていうのはありますね。新聞販売店の内情とかコーヒーの入れ方とか。本の裏についてる数字の意味とか。 ・学校で勉強しているのとは違う業務っていうか，そういうことするんで。本を読んだりとかではなくて，食材を切ったりとか，注文をとったりとか，体を動かして仕事をするっていうのが。
実体験による理解の深まり	・自分の経験だけではなくて生徒の話から，今の教育の現場を見ながら，自分の学校で勉強ができるっていうのが。考え方も変わるし。 ・家庭教師で今，見てる子がどういう風に成長してきたかっていうのが見ててすごく面白くて，本を読んで照らし合わせることがあったりとか。そういうのも大きいですね。
金銭価値観の変化	・自分でその，お金が稼げるっていうのがひとつのまた経験ですよね。自分の携帯の使用料を払えるっていう，そういうのが，自分で払ってるぞっていうような。 ・自分で計画的にというか，そのもらったお金をどういうふうにやりくりしていくのかっていうこと。自分の好みとか欲求とお金のバランスのところを考えるようになったんじゃないですかね。
職業選択	
就職選択の基準	・就職活動への向かい方が変わった。やっぱり一緒に働く人の雰囲気っていうか，職場の雰囲気っていうのは大事だなって。自分が自信をもって提供できるものを売っているとか作っているところでやった方がやる気がでるっていうか。やってて仕事をがんばれるんじゃないかなって思ってます。 ・就職を考えたときに，私はたぶんルーティンワークは無理だと，それはいろんな働く労働者を見ていて思ったことですね。で，あと，職場環境っていうのも大事な要因だな，と思いました。人が元気に働くためには。
仕事の適性判断	・思い込みで接客が向いていると思ってたんですけど実は向いてなくて。自分が一生懸命になれる仕事は他にあったってことが。で，それは自分が全然考えていないことだってことが，けっこう自己発見っていうんですかね。 ・塾は，自分はこういう仕事が好きなんだなっていうのがわかりました。教えるっていうか，なんか誰かをサポートするって感じの仕事ですね。

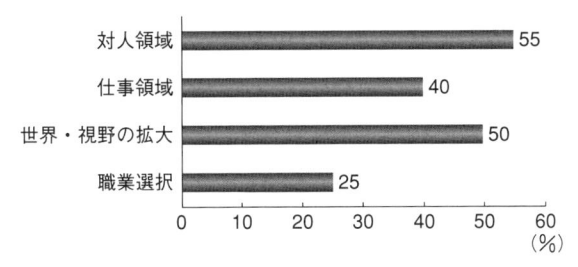

```
対人領域    55
仕事領域    40
世界・視野の拡大  50
職業選択    25
```

図5.1　上位カテゴリーの反応の割合
（大学生がアルバイト経験から得ていること）

(3) 特徴的な事例を抽出する

トランスクリプトには，情報が多く含まれる。重要と思われる発話を取り上げて，直接的に引用することで，対象者の心理をリアルに描き出すことができる。特に，典型例や少数例については，個々の心的過程が明らかになるように1事例ずつ，丁寧に見てみよう（表5.2，5.3）。

表5.2　アルバイトから影響を受けた対象者の発話例

Aさん
年齢：21歳
性別：女性
専攻：教育学
アルバイト歴：スーパーの店員(8ヶ月)，居酒屋の接客業(2年6ヶ月目で継続中)，塾の講師(4ヶ月目で継続中)

アルバイトって，どこかに所属することになりますよね。たとえば，スーパーだったら，店員になるわけで，まわりに正社員とか上司とかいて，マニュアルとか規則があって。……あと，塾のほうは，その塾の方針みたいなものがあって，それが自分と合わないと，すごくやりにくかったり。そういうところに，所属する，ってことを通じて，組織のしくみというか，立場関係とか，そんなことがわかってきた。……組織の好き嫌いというか，自分に合っているもの，合わないもの，とかがだんだんわかってきたし。

あとは，いろんな人の人生にふれた感じがする。いろんな人が入って辞めていったりすると，いっぱい知り合うじゃないですか。いろいろ話してると，いろいろあるんだな，って。世界が広がった感じがします。……（大学の友だちとは）全然違いますね。たとえば，高校の教師殴って中退したような子もいれば，すごいおじさん，おばさんもいるし。

（アルバイトの経験は）職業にはあんまり関係ないですね。けど，ちょっと前まで社会に出る自信がなかったんですよ。絶対仕事できないって思って。それが最近にかけて，だんだん自信がついてきた。仕事の見方がわかったっていうのかな。そういうのがだんだん。……（社会に）出て行けるかもしれないなぁ，っていう自信がちょっとはついてきましたね。

表5.3　アルバイトから影響を受けなかった対象者の発話例

Bさん
年齢：21歳
性別：女性
専攻：生物学
アルバイト歴：飲食店の接客(2ヶ月)，コンビニエンスストアの店員(1年3ヶ月目で継続中)

（今の自分を考えてみたときにアルバイトの経験の影響は）あんまりないと思います。何となく大学生だからやろう，と思っただけで。バイトだったら何でもよかったんですけど，家からすぐにいけそうなところを選んで。

できればバイトはやらない方が……，やりたくないんですよ，わたし。あんまり働くの好きじゃないみたいで。

それよりも，サークルが楽しいですね。バイトはその資金稼ぎというか，手段って感じで。

(4) モデルを図示してみる

　いくつかの質問や，カテゴリー間の関係についてパターンを見出し，記号や矢印を使って図解すると，包括的な解釈ができておもしろい（図5.2）。特に，仮説を生成することを目的とする場合には，対象者の話の文脈に注目して，ストーリーを作ってみよう。ただし，どこまでが今回のデータから導かれたもので，どこからが考察によるものかをはっきりさせておくこと。

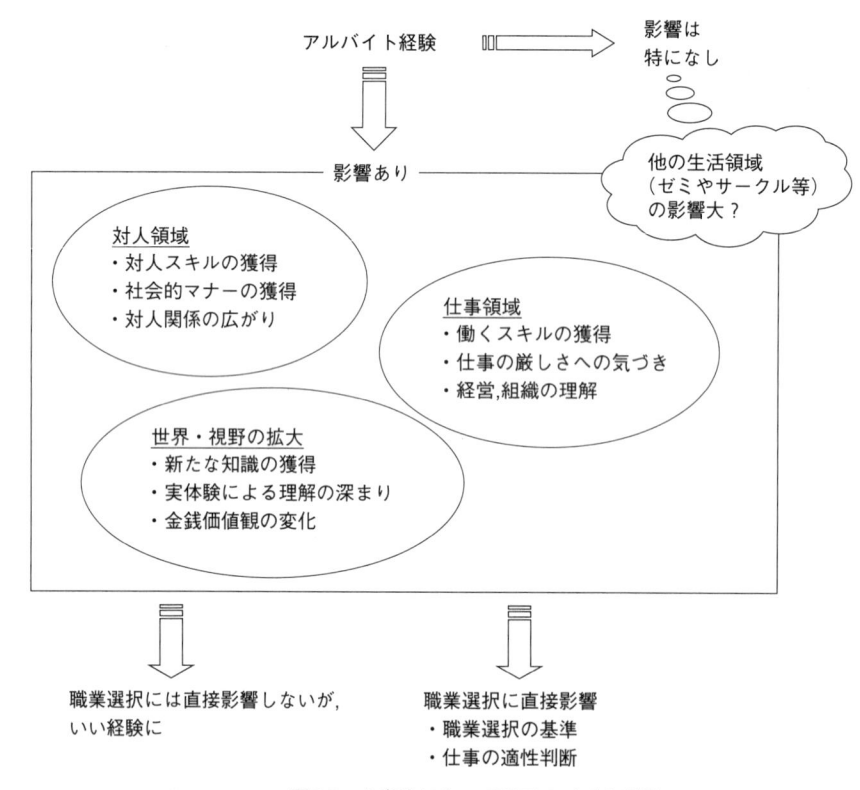

```
                アルバイト経験  ⇒  影響は特になし
                      ⇓
┌──────────── 影響あり ─────────── 他の生活領域
│                                  （ゼミやサークル等）
│  対人領域                         の影響大？
│  ・対人スキルの獲得
│  ・社会的マナーの獲得
│  ・対人関係の広がり
│                仕事領域
│                ・働くスキルの獲得
│                ・仕事の厳しさへの気づき
│                ・経営,組織の理解
│  世界・視野の拡大
│  ・新たな知識の獲得
│  ・実体験による理解の深まり
│  ・金銭価値観の変化
└──────⇓──────────────⇓──────┘
   職業選択には直接影響しないが，  職業選択に直接影響
   いい経験に                    ・職業選択の基準
                                 ・仕事の適性判断
```

図5.2　大学生にとってのアルバイト経験

文　献

川喜田二郎（1986）．KJ法：渾沌をして語らしめる　中央公論社

6

面接法の全般的な留意点

　それぞれの心理学的研究法にはそれぞれの特徴がある。面接法もその独特な手法ゆえに，他の手法を用いたときよりも注意しなくてはいけない事項がいくつかある。ここでは，面接法の一連の手続きについて，その留意点について述べていく。

1. 面接の企画から実施，結果の整理まで

（1）プライバシーへの配慮

　面接法とアンケートを用いた調査法の大きな違いの1つは，質問への反応に対してさらに質問を重ねること（追質問）ができる点である。これにより，より深く詳細に対象者の心理を引き出すことが可能になるのだが，それゆえ，対象者のプライバシーにかかわる内容や話すのに抵抗がある話題に質問が及ぶ危険性もはらんでいる。したがって，対象者のリクルートと依頼や面接の導入部分などの各段階で，対象者に「話さない権利」があることを十分に伝えることが必要であり，決して不快な思いをさせないことが重要である。もしも，予定している面接内容によって対象者が不快に感じる可能性がある場合には，あらかじめ「話さない権利」についての説明を行った後で，その説明を受けたうえで，面接に承諾したという承諾書に記名するよう求めるのがよい。

（2）分析は恣意的にならないように

　面接で得られるデータそのものは曖昧なものが多い。したがって，その結果は研究する側によってさまざまに解釈され恣意的なものになりがちである。しかし，研究論文やレポートは，面接を行っていない第三者にも納得されるような証拠を提示しながら自分の意見を述べる場であるので，結果の整理や分析は，自らの考えや仮説から一度離れて，公正な立場から客観的に行うべきである。

　それから，仮説や予想どおりの結果が得られなかった場合も研究の失敗ではない。むしろ仮説どおりの結果よりもよほど得られる情報量が多い。このことは覚えておこう。

（3）発表の仕方は面接法なりの工夫を

　研究の発表は，発表資料（レジュメ）やプロジェクタを用いて行う。その際自分たちが感じた興味深いと思う結果を十分にアピールできるように工夫することが大切である。そのためには，発表を聞く人々を説得できるような証拠を，上手にまとめることが必要である。その研究を初めて聞く人にも，わかりやすいプレゼンテーションを心がけよう。また，面接法だからこそ出せるリアルな人物像を描くようにしよう。さらに，発表を聞いている人たちから出てきそうな質問や意見はある程度予想しておき，準備をしておくことも重要である。

(4) トランスクリプト，ICレコーダー・MD・カセットテープの管理と処分

トランスクリプトと面接を記録したICレコーダー，MDやカセットテープには，きわめて個人的な情報が含まれている。したがって，その管理や処分には細心の注意を払わねばならない。特に処分の際には，トランスクリプトはシュレッダーにかけ，MDとカセットテープはディスクやテープ部分を必ず切るようにする。第三者に絶対に復元されることのないよう，中身を見られないよう，細心の注意を払う。

(5) 対象者への結果報告

面接後に研究結果を伝えると約束した対象者に対しては，必ず何らかのフィードバックをする。通常はその個人の面接結果ではなく，研究全体の結果をフィードバックすることが多い。同時に，協力していただいた人に，しっかりと感謝の気持ちを伝えることも忘れてはならない。

(6) 謝礼について

対象者に対する面接調査の謝礼については，どのようなものがよいか，どのくらいの金額（のもの）がよいか，ここではっきりと示すことはできない。しかし，アンケート調査と比較しても，時間的な拘束をはじめとして対象者のコストは大きいため，それなりの謝礼を渡すことが一般的なようである。対象者のリクルートのときにある程度謝礼の話をしておくことがよいと考えられる。

ただ，心理学の専攻生同士，お互いが対象者となりあうことで謝礼は授受せず，演習での調査を助け合うことが多くの研究室の伝統になっているようである。

2. 面接結果の文章化（レポート・論文）

レポートの書き方は，基本的に一般的な心理学の論文・レポートと同じである。ただし，面接法は質問紙法や実験法などと異なり，調査方法の詳細が読者に伝わりにくく，場合によっては追試（同じ方法で再び結果を確認すること）を不可能にする。したがって，科学的研究であることを常に頭に入れながら，第三者が同様の方法を用いて面接が実施できるようなレポートの内容にすることが重要である。以下，レポートの各部分における留意点を述べる。

(1)「問題・目的」部分の留意事項

自分が行おうとしている研究（面接・実験・質問紙・観察など）に関する問題提起を行う。特に心理学は研究の積み重ねが重要な学問であり，他の研究との関係をしっかりと述べる必要がある。また，その研究で行おうとしていること（目的）もしっかりと記述する。できれば，その研究で面接という手法を用いることが妥当であることを主張できるとよい。

(2)「方法」部分の留意事項

研究の方法を記述する。科学的研究は追試が可能であることが重要である。先述のように，特に面接法の場合は，他の手法よりも手続きが煩雑であることが多いので，データの収集方法を丁寧に記述する。紙面に余裕があれば，くどいくらいに説明するのがよい。

面接法で行われたレポートや論文では，方法部分に以下の事項を含めるのがよい。

・調査法：調査方法の種類を明記する。
　（構造化面接法/半構造化面接法/非構造化面接法，個別面接法/集団面接法など）
・対象者の抽出法や属性：対象者のリクルートの方法や身分，性別，年齢，人数に関する情

報。
・調査項目：実際に用いたシナリオを記載するのが望ましいが，少なくともレポート・論文中にも質問内容についての概要を書くのがよい。
・調査期間：面接を行った時期。
・調査場所：面接の場所や状況。
・調査時間：面接1人あたりの平均所要時間。
・その他，付記：MDやテープレコーダー使用などに関する情報（機材の名称やメディアの種類と名称など）。

(3)「結果」部分の留意事項

　研究で得られたデータをどのように分析したのかを書く。また，どのような結果が得られたのかを記述する。統計的な検定をした場合にはその数値（検定結果の値）も記載する。面接の場合，同じような反応をした対象者の人数や割合を記しておく。また，どのような言葉で反応したのかがわかるように，対象者の実際の発話を例として載せることも重要である。その際，プライバシーにかかわる情報や結果は書かないように気をつける。図や表は，説明の書かれた文章の前後に入れる。心理学では，一般的に図のタイトルは図の下，表のタイトルは表の上に付ける。図やグラフに書かれていることでも，重要な結果は文中で説明する。

(4)「考察」部分の留意事項

　「結果」で得られたことに考察を加える。この部分は「問題・目的」部分と対応している必要がある。考察とは，結果で得られた知見を無理なく解釈することである。無理のない解釈とは，「私はこう考えた」ではなく，「必然的にこう考えられる」という文章になるということでもある。特に面接法では，結果の解釈が恣意的（独りよがり）になりやすいので，しっかりと根拠を示しながら書くことが求められる。また，心理学で重要なのは，どういう傾向があったかではなく，どうしてそのような傾向があったかである。人間の行動や考え方のメカニズムを明らかにするために結果を並べ，自分なりのモデルを立てることが望ましい。
　なお，文中に文献を引用するときには，以下のような表記をする。
　　　　松浦（1991）によると……，
　　　　……という傾向にある（西田, 2003）。

(5)「引用文献」部分の留意事項

　引用文献のリストを規定の書き方で書く。第1著者名のアルファベット順に並べる。

・雑誌の場合（著者・発行年・タイトル・雑誌名・号数・ページ）
　　　　西口利文　（2004）．問題場面の児童への言葉かけを学ぶグループ用ワークシートの効果　カウンセリング研究, **37**, 23-34.
・書籍の場合（著者・発行年・章のタイトル・編著者名・書籍名・章番号・出版社・ページ）
　　　　武藤久枝　（2001）．相談・援助と子育て支援　橋本　敏・福永博文・伊藤健次（編）子どもの理解とカウンセリング　みらい　pp.135-160.
・学会発表の場合（著者・発行年・タイトル・論文集名・ページ）
　　　　小平英志　（2005）．「家」と「外」に対する感情と休日の時間消費　日本社会心理学会第46回大会論文集, 514-515.

3. より面接法を知りたい人に

　調査的面接法は臨床的面接法と比較して，その手法を解説した書籍が少ない。本書は面接法に関する演習を行うことを前提として書かれているため，面接に関する情報は必要最低限のものとなっている。ここでは，より深く面接法を学びたいと考える人のために，関連書籍を紹介したい。

　まず，やや古い書籍になるが『心理学研究法11　面接』では，基礎的な説明がなされている。また，面接調査の具体例が豊富なのが『心理学マニュアル：面接法』である。認知発達やライフコースに関する研究への面接法の適用例などに詳しい。具体的に面接法はどのように研究に利用されているのかを知りたい場合に適している。さらに近年発刊された『調査的面接の技法』がある。これは，面接に関する情報を網羅した良著であり，心理学のみならず，他の学問領域で面接法を用いようと考える人には最適である。また，大学院生以上で面接調査を本格的に行おうという人にも適している。

文　献

保坂　亨・中沢　潤・大野木裕明(編)　(2000)．心理学マニュアル：面接法　北大路書房
鈴木淳子　(2002)．調査的面接の技法　ナカニシヤ出版
続　有恒・村上英治(編)　(1975)．心理学研究法11　面接　東京大学出版会

第3部　質的データの示し方：
　　　　心理学実践現場での実例紹介

1
臨床面接法の実際例

　臨床面接においては，さまざまな面接者（セラピスト）と来談者（クライエント）の出会いが繰り広げられ，それぞれに個性的な面接が積み重ねられている。職人芸のようなすばらしい事例は，多くの事例検討論文を参考にしていただきたい。ここでは架空の事例をもとに，臨床現場での出会いの場で何が行われるかを簡潔にお伝えしたい。架空の事例ではあるが，1つの事例が多くの事例の根幹に通ずる普遍性を含んでいるように，この事例も多くの普遍性をもっていると想像して読んでいただき，進行を見ながら，実際の面接場面で行われていることのエッセンスを感じていただけたら幸いである。

1．事　例

　不登校という主訴で母親と来談した高校1年生の青年女子Aさん。母親と本人と，担当者が別々について最初の面接が行われた。
　以下，「　」を来談者Aさんの言葉，＜　＞をセラピストBの言葉，とする。

　　（セラピストBのAさんに初めて会った印象は，雑誌を一心不乱に読みふける母親とは対照的に，何も手に取らず背筋を伸ばしてきちんと椅子に座り，硬く怯えたような感じ，というものであった。少し覇気のなさも感じられた。進学してすぐということもあるだろうが，飾り気がなく，高校生というよりは中学生のように見える。部屋に案内し，着席するも，厚手のコートを脱がないまま。部屋は暖房が効いて暑いくらい。）①
　　＜こんにちは。初めまして。担当のBといいます。心理士をしています。よろしくお願いします＞と伝える②と，Aさんはかすかに頭を下げる。
　　＜今日はお母さんと一緒だったけど，迷わず来られた？＞
　　「……ハイ」
　　＜そうなの。ここのことは，お母さんからどう聞いていたのかな？＞
　　「……何も」
　　＜何も？　ここに来ることは知ってたんだよね？＞
　　「知らなかった。今朝出かけるって言われて，それで」
　　＜そうなんだ。じゃあびっくりしたでしょ？＞
　　「……ちょっと」
　　＜今日は説明なくここに連れて来られたのね。よく私と一緒にお部屋に入ってくれたね＞
　　（Aさん：うなずく。）
　　＜説明はなかったけど，来てみてどういうところと思った？＞
　　「カウンセリングするって，お母さんが。来てから言ってた」
　　＜カウンセリングってどういうものか，イメージできる？　聞いたことある？＞
　　「……話をする。学校に行けるようにする」③
　　＜なるほど。話をするってことはどう？　抵抗ないかな？＞
　　「（しばらく考え）わかんない」
　　＜来て，次々質問されても，困っちゃうよね。今日は，Aさんの状況を簡単に聞かせていただいて，Aさんの気持ち，どうなりたいと思ってるかとか，この先こちらがお役に立てるかどうか，

考えたいと思っているのね。だからいろいろなことを尋ねるけど，別に全部ちゃんと答えなくちゃいけないってものではないから，気楽に教えてね＞④
　（Aさん：訳がわからないようにうなずく）
　＜さっき，学校に行けるようにとかって言ってたけど，学校行ってない？＞
　「うん」
　＜ここに来させられたのは学校のことだと思ってるのかな？　その他に何か理由があると思う？＞
　「学校に行かないから」
　＜いつから行ってないの？＞
　「……先月くらいから」
　＜行かない理由がもしあれば，教えてくれる？＞
　「……理由じゃないかもだけど，朝，お腹が痛くなる」
　＜それは大変だね。どんなふうに痛くなるの？＞
　「キリキリキリって。で，下痢したりする。朝はだいたいトイレにいる」
　＜あらまあ。しんどいね。それは，外に出るどころじゃないね＞
　「うん，昼間過ぎると軽くなる」
　＜お腹痛くて学校に行けないだけなのに，いきなりこんな知らないところに連れて来られて，知らない人と2人きりで困っちゃうね。今日はお腹は大丈夫？＞
　「午後だから。でもちょっと心配」
　＜どんな？＞
　「お腹が痛くなるんじゃないかって」
　＜そうだね。いつも痛くなるから心配だよね。内科のお医者さんとかは行ったのかな？＞
　「うん」
　＜結果は？＞
　「異常ないって。自律神経失調症って言われた」⑤
　＜家では，どんなふうに過ごしているのかな？＞
　「……寝てたり。あとはたまにテレビ見たり（お笑いが好きとのこと）マンガ読んだり」（詳しく尋ねる。途中でコートを脱ぐ）⑥
　（中略）
　＜しんどかったら答えなくていいんだけど，Aさんの学校ってどこ？　どんな雰囲気？＞
　「お母さんが，『ここにしたら？』って言ったから受けた。C高校（名門と言われるレベルの高い学校）。なんか……先生が怖い」
　＜怖い？＞
　「義務教育じゃないから，いつでも辞めろとか言われた……宿題も多い。やっていかないと怒られそう」
　＜実際に怒られたの？＞
　「集会とかで，よくそうやって言われる。直接言われたことはない」
　＜そうなの。厳しい学校みたいね＞
　「そんなことない。茶髪とかピアスの子もいる」
　＜宿題はどうしてたの？＞
　「やってた。時間かかってた。よくそれでお母さんから怒られた」
　＜怒られた？＞
　「『早く寝れば』とかって。でもやってないのに寝れない」
　＜何時に寝てたの？＞
　「日によって違うけど。だいたい2時くらい。遅いと5時くらい」
　＜……それは大変だったねえ。お母さんは何を怒っていたのかな？＞
　「……『適当にやりな』とか言われたけど，どう適当にしたらいいかわからない。わからないって言ったら余計に怒られた。お姉ちゃんと違って，私暗いから，何をしても割と怒られる」⑦⑧
　（後略）

2. 事例の解説

ここでは，臨床面接の中で一般的になされる作業について解説し，同時に，この事例についての所見を加える。

面接の中の仕事
①見　　る
髪型，服装（女性なら化粧）などの身だしなみ，体格，かもし出す雰囲気などを見て，感じたことを言葉にできるとよい。また，来談者の表情，態度や動作なども観察する。

事例の場合，年齢に比して少し幼い未成熟な感じ，硬い感じは受けるが，病態水準[注1]の低さに通じるような不自然で奇妙な態度，冷たい表情などはない。ただ，座り方の固さ，上着を取らないなど緊張感や防衛的な態度が見られ，対人緊張がある可能性を示唆した。

②自己紹介をする
事例では心理士と述べているが，相談を受け付けた場所によってさまざまな自己紹介がありうるだろう。多くのスタッフが行き交う病院では，仕事の内容をもっと明確に伝えるべきかもしれない。必要以上に自分の情報は与えない方がよいが，不自然に隠して相手が不信感をもつことのないよう，きちんと自己紹介しておくべきである。

③来談への経緯を尋ねる
事例によって来談意欲や来談の経緯はさまざまであろう。自発的な相談よりも，誰かに連れて来られた場合は，来談者と信頼関係を築くのは難しい。自分の意とは違って連れて来られたということが，のちのちにわたって影響するのである。このような場合は，連れて来られてどう感じたのかを尋ね，来談をねぎらい，本人にこれからどうしたいと思うのか尋ねるべきである。もしも今後来たくないという意向があるならば，継続しないことも含めて検討すべきである。

④目的を伝える
臨床面接を継続する（あるいはしない，など方針を決める）ためには（医療機関が初めての患者にさまざまな検査を課すように），相談者の現状把握が何よりも大切である。ただ，その情報収集はプライバシーにふれるため，何らの説明なしに尋ねることは，強い不快感を呼び起こすことがある。したがって，できるだけわかりやすい言葉で，情報収集の目的を伝えたい。

⑤主訴を尋ねる
上で述べた現状把握のため，困っていることについて尋ねる。

この事例では，「不登校」が主訴である。怠学ではなく神経症状によって学校に行けない様子である。

身体症状がある場合，医療機関にかかっていないときは受診を勧め，訴えられている身体症状が，心理社会的要因によるものか，器質的要因によるものか鑑別するために，医学検査等を行い診断するべきである。器質的要因である場合，心理療法よりもまず医療機関での治療が優先されるべきである。その他，身体疾患の経過中に出現する症状精神病等もあり，注意を要する。

この事例では，葛藤が身体症状となり，悩みとして心に抱えるということが難しいようである。

注1：病態水準とは，自我や対象関係の発達程度，病識などさまざまな面から，患者の水準を「不適応水準」「神経症水準」「境界例水準」「精神病水準」に分けて診断する（見立てる）概念。古くはカンバーグ（Kernberg, 1967, 1970）の論文に使用された言葉であるが，いつ頃に生まれたか，誰の命名かはわからない。

⑥チャンネルについて尋ねる

これも同じく現状把握の一環として，本人が興味をもっていることを聞いて本人理解の一助とし，またどんなことなら気軽に話ができるのか，趣味や娯楽の傾向などを尋ねておくと，担当者と通じるチャンネルができ，今後役に立つ。

⑦家族のことを尋ねる

現状把握の根幹をなす仕事である。生まれてどう親に育てられ，どんな子ども時代をおくり今に至ったのか，人生の過程を聞くつもりで詳しく尋ねるとよい。親との関係，親とその親との関係，友人関係，失敗のパターンなども把握しておくと有益である。

この事例では，母親との間の距離のなさ（自分の意見をもちにくい）が大きな問題として存在し，姉との間にきょうだい葛藤もありそうである。また父親は問題が大きすぎるのか小さすぎるのか，まったく登場していない。

⑧転移が起こる

初回の面接は，情報収集が主であるにもかかわらず，数年にも及ぶ全面接の要所が多く盛り込まれていることが多い。

この事例では，防衛的な態度に始まり，面接者との関係が少しできたところで，学校（の先生）や母親への恐れ，怒りなどの話題が出てきている。今後の面接において，面接者との間で親との間に起こっていた関係（攻撃性に始まり，さまざまな感情の認知，そして自己の確立へ）が繰り返されるであろう。

面接後の仕事

⑨1回から数回を経て行われる情報収拾（受理面接，インテーク面接などとよぶ）で概要をできる限り知り，その後事例を見立てなくてはならない。方針が決まったら，それを今度は来談者にフィードバックし，必要な約束を交わし，来談者の臨床面接における心構えを作らねばならない。こういった必要な作業の後は，来談者の自由な連想にしたがって話をしてもらい，できるだけ何もせず，自然な流れに任せていく。

2 調査的面接法の実際例

　心理学の研究では質問紙調査が広く用いられているが，この手法は必ずしも万能というわけではない。たとえば，調べたいことに関する尺度がない場合や，何か特別な性質の対象者を調べようとしたが大量にデータを集めることがむずかしい場合などは，質問紙調査を行うことがむずかしくなる。そこで，面接法という手法が選ばれることがある。

　こうした方法上の制約からではなく，研究が目指す方向性を考慮して以下に述べる面接法ならではの長所も指摘しておきたい。研究が目指す方向性には，大きく法則定立と個性記述の2つがある。法則定立的検討は，数多くの対象者からデータを集め，彼ら彼女らの共通した傾向や法則を見つけ出すことを目的としている。

　質問紙を用いると大量のデータを比較的容易に収集でき，そのデータの統計的な解析を通して法則定立的な検討という方向性になりやすい。もちろん，面接法でもデータ収集の手間はかかるが法則定立的な検討は可能である。

　一方，個性記述的検討は文字通りその対象者の個性を描き出すことを目的としている。面接法の醍醐味は，一人一人の対象者の生のことばを通して，他ならぬその人がどのようなことを考えたり感じたり体験しているのかを取り上げることにあり，そこから個性記述的な検討が可能となることに積極的な意義があると考えられている。

　ここでは，面接調査の実際例として，2つの面接例を紹介しながら，調査的面接法の実際，その醍醐味の一端を示してみたい。

1．面接例①

　まず，調査的面接法に関する授業の中で行った模擬面接の記録を示す。

　この授業で具体的に行った課題としては，あまり面識のない受講生でペアを組んでもらい，一方が面接者役で他方が対象者役となる。まず挨拶から入り，話しやすい雰囲気作りのために簡単な自己紹介などを行う。少しうちとけたところで，「あなたの入学式の日の様子はどうでしたか？」というテーマで短い模擬面接を行った。

　面接では対象者の話した内容に目を配るだけではなく，行動観察を行って，対象者のことばが出てくる背景・心情を理解する必要がある。本章に挙げた面接例①について，面接者による行動観察の情報では，「対象者は，緊張した面持ちで，そわそわと足を小刻みに動かしたり，身に付けているネックレスをさわったりしていた。体勢は，前かがみで面接者の方に体を傾けているが，足元を見るように下を向いたり，目をほとんど合わせることがない。声も少し震えていてはっきりとした口調ではなく，語尾がぼやけこもったような口調であった。このような様子から緊張と不安が面接者に伝わってきた。しかし，表情は，常に穏やかな笑顔で，目が合うと微笑み返すなどラポールは良好であった」とのことであった。

　こうした点から"今からほとんど話したこともない面接者に，一体どんな内容の話を話せばよいのか，どんなことを訊かれるのか，緊張し戸惑っている。そして恥ずかしいような，落ち

着かないような，少しドキドキしたような様子"が読み取れる。また，表情やアイコンタクトから，警戒心や拒否はうかがえず，これから語られる内容は信ぴょう性のあるものであろうと考えられる。

以下に，プロトコル（逐語録）を示す。

> 面接者（以下，面）1：大学の入学式の日の様子ということなんですけれども，思い浮かぶことをお話し下さい。
> 対象者（以下，対）1：大学についてですか？（片手で顔をさする）
> 面2：入学式の……
> 対2：その当日は（考え込む）……緊張……ですね。不安と期待とで……
> 面3：大学に対して不安や期待で緊張していたのですか？
> 対3：そう。……ですね。（沈黙）
> 面4：具体的に言うと，緊張とはどのような気持ちでしたか？
> 対4：勉強とか，これから新しい環境にいくわけで。うれしかったり，ドキドキするような気持ちです。
> 面5：大学という新しい環境に，うれしいようなドキドキするような気持ちだったんですね。
> 対5：はい。そうですね。（沈黙）
> 面6：新しい環境に入って，どれくらい？ 入学したのは何年前になりますか？
> 対6：……1年前……（首をかしげる）1年前……ですね。はい。ちょっと前。
> 面7：はい。では最近ですね。
> 対7：はい。そうですね。
> 面8：けっこう，鮮明に覚えてますか？
> 対8：いや，そうでもないですけど（笑）そこまでは。はい。
> 面9：その，たとえば，入学式のときすぐお友達はできましたか？
> 対9：（勢いよく）いや，できないですね。はい。（顔を横に向ける）……人見知りが激しい。自分からはしゃべりかけるってことをしないんで。
> 面10：あぁ……自分からは話しかけられない……
> 対10：はい……（沈黙）
> 面11：こちらには1人で下宿されてるんですか？ 他に知り合いはいない？
> 対11：そうですね。
> 面12：そこから1人で来られて……
> 対12：はい。
> 面13：それまでにここに来られたことは？
> 対13：あのー，1回，面接のときに来たので。
> 面14：そうですか。面接は試験ですか？
> 対14：……（小声で）何の面接ですかね。あれは。……（首をかしげる）AO入試の。……そうですね。
> 面15：それから入試でこちらに来られた……久々でしたか？ こちらに来られたのは。
> 対15：いや。もうAO入試の締め切り間近だったんで。そんなに日は経ってなかったんで。大丈夫でした。
> 面16：では，少し慣れていたと……
> 対16：そうですね。もう面接のときにけっこう迷ったので（笑）。
> 面17：そうですか……（ここで，時間となり終了）

以上，模擬面接の例を挙げて，プロトコルの書き方の一例を示した。非言語的な情報も付加することで，臨場感のあるプロトコルを作成することに留意されたい。そして，面接で語られたことと面接時の行動観察情報も総合することで，対象者の内面や心情をできる限り描き出せるよう心がける必要がある。このようにして収集した資料から考察をしていくことが面接調査の第一歩となる。

2. 面接例②

　次に，卒業論文で調査的面接を行った実際例を示すことにする。この研究は，中年期女性を対象にエリクソン（Erikson, 1982）のライフサイクルの視点から面接調査を行ったものである。

　中年期は，身体的・社会的・心理的に変化がみられる時期で，アイデンティティの揺らぎや再確立が行われると考えられている（岡本, 2002）。特に女性の場合，男性に比して家族や家庭の問題をめぐって，こうした問題が問われることが多いと考えられている。

　そこで，中年期女性を対象に，現在に至るまでどのような人生を歩んできたかを聴取しながら，彼女らがどのような個性を生きているのかを取り上げることにした。実際の調査では3名に面接を行ったが，ここではそのうちの1名（Qさんと仮称）との面接の一部を示す。

　Qさんのプロフィールとしては，面接時45歳で，高校卒業後に就職，22歳で結婚し，3人の娘がいる。なお，紙面の都合で行動観察については省略した。

　面接では，(1)今までのこと，(2)今のこと，(3)これから先のこと，(4)自身をめぐるその他のこと（変わらず継続していること，充実感）などについて焦点を当てた。

　なお，面接記録については，＜　＞は面接者のことば，「　」は対象者のことば，（　）で補足的な情報を示した。面接例①のような書き方もあれば，この面接例②のようにカッコを使い分けるやり方もあることをおぼえてほしい。

---

(1) 今までのこと
＜今までの自分＞
「そうですねぇ……嫌い……ではないですねぇ。（言いよどみ）……その，大学に行っておけば，もっと違う人生が開けたかなぁ……まあ，これはこれでいいかなあ，……一応，受け入れて生きてますけど（笑）」
(2) 今のこと
＜現在は，お仕事をされていないということでしたね＞
「やっぱ，仕事……年齢制限にひっかかって，なかなか仕事がないんですよね。……資格自体もないから……でも弱ってる両親を置いて，働きに行けないし……どうかしたとき，『ちょっと来てくれ』ってあてにしてるし，……でも，子どもの……将来的なことを考えて，やっぱお金もいるし……親を捨てたら働きに行けるけど」
(3) これから先のこと
＜これから先，何か目標とかありますか＞
「うーん……。やっぱ，子どもに頼ることなく，……子どもに頼ったら負担に感じることもあるだろうから……自分の，自分と主人の，こう，生活設計をきちっとして……とか考えますねえ」
(4) 自身をめぐるその他のこと
＜ここまでを振り返って，100点満点で表したとしたら＞
「……どんくらいだろうなあ（面接者に尋ね返すような感じ），50点？」
＜残りの50点は＞
「……やっぱ，（少し笑って）子育てとか……うーん，（少し考えて）……何か……失敗したことも多いですしねえ……」
＜充実感とか満足感は＞
「そうですね，……自分は，もういいかな……子どもが，あの，自立して……自分のことはいいかな，うーん，子どもが，まず…第一ですねえ」

3. 面接例②から読み取れること

　この面接例②については，面接から読み取れたこと，若干の考察を示しておく。
　面接記録から読み取れることとして，高校卒業後「大学に進学しなかった」こと，「資格がない」ことなど過去について負い目や未練を抱えていることがうかがえる。こうした未整理・未消化な事柄は，「今，働きに出る」ことにも否定的に働いており，自分の人生に対する不達成感を抱えていることが想定される。
　また，「働きに出られない」ことを「親の世話」と関連付けており，「親を置いて働きに行くこと」を言い換えて「親を捨てる」という重い表現を用いている。これは「やりたくてもやれない」という葛藤をめぐって，自分の親子関係が影響している可能性が考えられる。
　このように過去をめぐる問題も想定される一方で，「子どもが第一」という現在の充実感，「将来は子どもに頼らない」という考えを述べている。これは，自分の現状や心情を子どもに託してとらえているという面と考えることができる。自分が体験してきた家族の歴史が子育ての中でも反映される内容が含まれている可能性がある。
　一方，「子どもが第一」という弁は，ややもすると，無難な答え，優等生的回答であると見ることもできる。それは，よく知らない人物であり自分のことを調べようとしている面接者に対して，対象者が自己開示をすることに対するためらいや抵抗が生じたり，無難な答えや自分をよく見せようとする社会的望ましさが反映したりすることがあるからである。そのため「子どもが第一」という弁には，防衛や社会的望ましさが反映したとも考えられる。
　しかしながら，この「子どもが第一」という弁は，エリクソン（1982）が中年期について指摘している「世代性」が現在の関心や発達課題となっているという面も考えられる。それは，たとえば日常的に目にする光景として，母親が初詣の際に自分の願いごとをするよりも家族の無事を祈願する姿を目にするように，自分自身のことよりも家族や子どものことに心を配るようになることを想像すればわかりやすいだろう。
　このように，1つの発言をとっても，多様な解釈が可能となり，丁寧に対象者の発言を味わいながら読むことで，その人らしさを浮き彫りにできる。

4. おわりに

　面接例①では，模擬面接例を取り上げて記録について示し，面接例②では，中年期女性を対象にした面接例を示して若干の考察を紹介した。紙面の都合で面接記録の抜粋としたため，伝わりにくい点もあったかもしれないが，対象者の選んだ生のことばに耳を傾け，語り方（沈黙，間合い，笑い，言いよどみなど）を加味しながら共感的に対象者の内面や体験を描き出すことを試みたつもりである。本章が刺激となり，面接法が卒業論文や修士論文でより一層活用されることを願いつつ筆を置くことにする。

付　記
　本章では取り上げた筆者の指導生のデータをお借りした。面接例①は原夕紀さんとの共著論文の一部，面接例②は岩倉由佳さんの卒業論文の一部である。記して2人に感謝を述べる。

文　献
Erikson, E. H. （1982）. *The life cycle completed*. W. W. Norton & Company.（村瀬孝雄・近藤邦夫訳（1989）.

ライフサイクル　その完結　みすず書房）
岩倉由佳　(2006)．中年期(40〜50代)の女性のライフサイクルについて：自我同一性・役割・家族との関わりという視点から　東亜大学総合人間・文化学部卒業論文（未公刊）
西村太志・内田裕之・原　夕紀　(2006)．心理学教育における調査的面接技法の実践について　総合人間科学：東亜大学総合人間・文化学部紀要, **6**, 87-95.
岡本祐子　(2002)．人生の正午：中年期　岡本祐子・松下美知子(編)　新女性のためのライフサイクル心理学　福村出版　pp.176-198.

3

発達研究における質的データの示し方

1. 子どもの発達研究とは

(1) 発達研究における観察研究の意義
①発達研究における観察研究
　乳幼児期の子どもの発達を理解したり，行動を把握するには観察法がよく使われる。乳幼児は自分の行動や感情について言語を使って表現することは不十分なために，その行動を把握するには周囲の大人が観察して判断する方法が適切なためである。観察の場合は，自然観察場面でも適切な観察項目をあらかじめ決めておいてその有無を観察したり，プレイルームや実験室でも使う玩具や働きかける人物にいろいろな統制を加えることによって客観性を保つことができる。時間見本法や参加観察法が代表的であるが，これらについては第1部ですでに解説されているのでそちらを参照されたい。

②観察と面接
　乳幼児を対象に観察を行う状況では，導入時に母親に対して子どもの最近の様子や気になること，生育歴を聞いたりするなどの面接もほとんど同時に行っている。また，発達検査を実施することが多い。発達検査では，どの母親にも同じ質問をすることや，どの子どもにも決まった手順でカードや積木を渡して行動を評定するため，ある程度構造化された場面での観察と面接を行っているととらえることができる。

(2) 質的データの意義
①個人差の問題
　乳幼児の場合，その行動を質的データによって把握する意義は大きい。その最も大きな理由は，乳幼児期の子どもの発達は個人差が大きいためである。たとえば，指さしは1歳から1歳3ヶ月前後にほとんどの子どもに出現するが，健康な発達の子どもでも指さしをしない場合がある。また，自閉症ではそれ以降の年齢でも指さしの出現は少ないために，自閉症のチェックポイントとされている。指さしの発達では機能的な意味づけが大切であり，音声言語や前後の文脈との関連も重要である。このように個人差の大きい指さしを取り上げてその機能について1歳～1歳8ヶ月の間の縦断的変化を分析したいときにはどのような方法が適切であろうか。指さしの出現とその機能に関しては個人差が大きいために，それらをまとめて統計処理した結果をある年齢の平均値として見なす研究方法では不適切であり，むしろ，指さしの機能が多岐にわたる子どもを対象として細かく観察した結果を一般化した方が適切である。自発的な指さしの機能の日誌例を挙げる（山田・中西，1983：図3.1）。

②年齢を細かく区分するために大量データを取りにくい
　乳幼児では月齢によってその行動が大きく異なる。たとえば1歳6ヶ月時では初語をはじめとする「ワンワン」「ブーブー」など数語が出現する一語発話の段階であったのが，2歳0ヶ

月時になると2語発話（「ワンワン，来た」など）の段階になるため，観察する行動の指標が変化する。子どもの月齢を細かくそろえて大量の集計結果を得ることは難しく，たとえば，6ヶ月の乳児を30名そろえることは大学生を30名そろえるよりも難しい。したがって，乳幼児ではその行動を大量に収集するよりも，典型的な少人数の行動を質的にまとめる方法がよく使われる。

③場面の問題

実験室の統制場面で乳幼児の行動を記録することは大人や大学生の場合よりも難しい。なぜなら，乳幼児が未知の場所に慣れにくい，場所に制限がある，実験条件などに工夫が必要なためである。そのため，乳幼児の特徴を日誌や自然観察によって記録して発達の変化をとらえて質的データとする方法もよく用いられる。

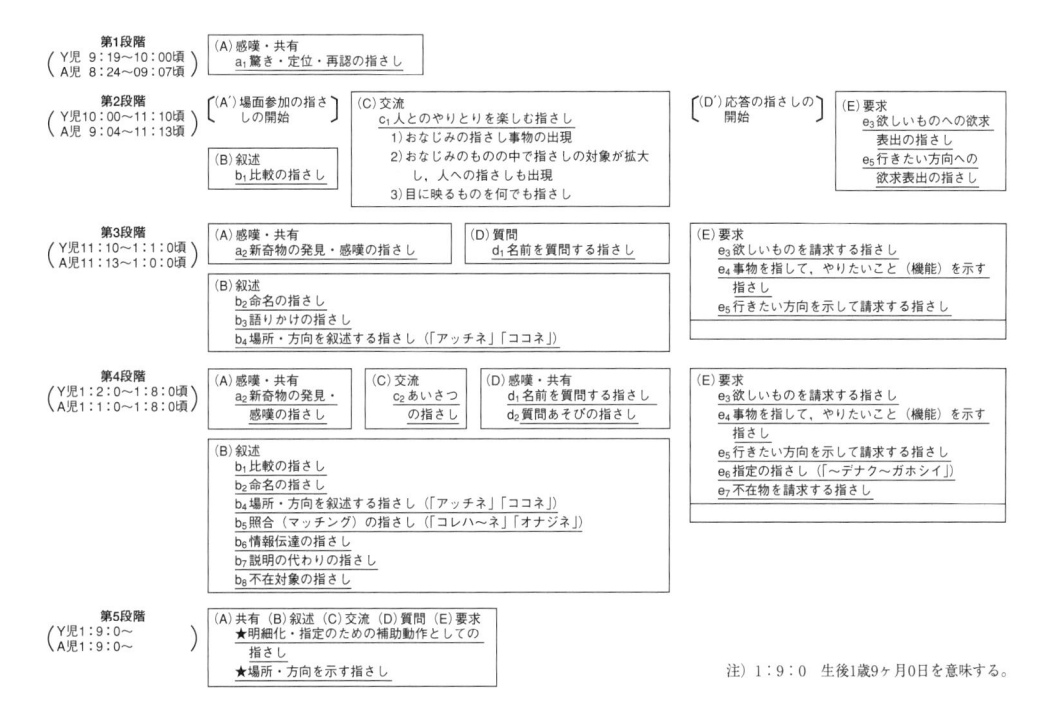

第1段階
(Y児 9:19～10:00頃)
(A児 8:24～09:07頃)
(A)感嘆・共有
　a_1驚き・定位・再認の指さし

第2段階
(Y児10:00～11:10頃)
(A児 9:04～11:13頃)
(A')場面参加の指さしの開始
(C)交流
　c_1人とのやりとりを楽しむ指さし
　　1) おなじみの指さし事物の出現
　　2) おなじみのものの中で指さしの対象が拡大し，人への指さしも出現
　　3) 目に映るものを何でも指さし
(B)叙述
　b_1比較の指さし
(D')応答の指さしの開始
(E)要求
　e_3欲しいものへの欲求表出の指さし
　e_5行きたい方向への欲求表出の指さし

第3段階
(Y児11:10～1:1:0頃)
(A児11:13～1:0:0頃)
(A)感嘆・共有
　a_2新奇物の発見・感嘆の指さし
(B)叙述
　b_2命名の指さし
　b_3語りかけの指さし
　b_4場所・方向を叙述する指さし（「アッチネ」「ココネ」）
(D)質問
　d_1名前を質問する指さし
(E)要求
　e_3欲しいものを請求する指さし
　e_4事物を指して，やりたいこと（機能）を示す指さし
　e_5行きたい方向を示して請求する指さし

第4段階
(Y児1:2:0～1:8:0頃)
(A児1:1:0～1:8:0頃)
(A)感嘆・共有
　a_2新奇物の発見・感嘆の指さし
(C)交流
　c_2あいさつの指さし
(D)感嘆・共有
　d_1名前を質問する指さし
　d_2質問あそびの指さし
(B)叙述
　b_1比較の指さし
　b_2命名の指さし
　b_4場所・方向を叙述する指さし（「アッチネ」「ココネ」）
　b_5照合（マッチング）の指さし（「コレハ～ネ」「オナジネ」）
　b_6情報伝達の指さし
　b_7説明の代わりの指さし
　b_8不在対象の指さし
(E)要求
　e_3欲しいものを請求する指さし
　e_4事物を指して，やりたいこと（機能）を示す指さし
　e_5行きたい方向を示して請求する指さし
　e_6指定の指さし（「～デナク～ガホシイ」）
　e_7不在物を請求する指さし

第5段階
(Y児1:9:0～)
(A児1:9:0～)
(A)共有 (B)叙述 (C)交流 (D)質問 (E)要求
★明細化・指定のための補助動作としての指さし
★場所・方向を示す指さし

注) 1:9:0　生後1歳9ヶ月0日を意味する。

図3.1　自発的な指さし機能の発達的特徴のまとめ（山田・中西, 1983）

2. 発達研究の質的データ

ある1組の乳児とその母親を対象にした観察場面と面接場面とを想定して，乳児の行動の質の分析を取り上げる。

(1) 時期の問題

乳児の発達に関する研究ではどの時期を選んで行うかということとその時期の乳児の行動のどの指標を選ぶかが大切である。その理由は，子どもの発達や行動は発達のマイルストン（里程標）にしたがっていて，ある月齢になると決まった行動が出現するためである。

年齢の書き方は「○歳○ヶ月のときの記録」「生後1ヶ月」「生後2ヶ月」などと記録する。0ヶ月の時期では日齢（生後何日目）で表すこともある。誕生日は研究や記録のために必ず聞いておく必要はあるが，個人情報にかかわるので観察記録での書き方には注意をする。

(2) 記録の時期の問題

1歳6ヶ月までの乳児期において月齢ごとに記録する場合は生まれ日の誤差が少ないように記録の時期を設定する。たとえば，誕生日が3月19日の場合，19日前後±3日以内でビデオ撮影により記録するのが望ましい。4月以降（1歳1ヶ月時）に撮影する場合も4月19日±3日，5月19日±3日で撮影するように計画を立てる。

(3) 観察指標の問題

観察にあたっては乳児の行動の何を観察するかという指標の選択が重要である。月齢に応じて，観察に適切な指標を設定する。たとえば，前言語期の6ヶ月～1歳頃の時期では「手を伸ばす」「指さし」などの動作の出現やその機能が指標となることが多く，初語獲得以降の1歳頃では言語獲得の内容（名詞の出現とその機能，動作語）や指さしの機能などが指標になりやすい。家庭での姉妹の日誌研究の例を挙げる（綿巻, 1996：図3.2）。

意味分野	K児・A児に共通	K児（第2子）	A児（第3子）
人	母ちゃん 父ちゃん		○○チャン（本児名）
食べ物	マンマ パン		お茶
動物		カーカー（カラス）	ワンワン（犬）
キャラクター名		ブンブン（子ども番組の主役）	
乗り物		ブーブー（車） ブーン（飛行機）	
電化製品・道具類		アカアカ（電灯・赤・火）	チャーン（電子レンジ）
衣類など			クック（靴）
動作・行為	ネンネ ナイナイ（片づける） パイ（投げ捨てる）	バーポン（ボールをポン）	
対人関係・ゲーム	バイバイ		フン（手渡す時のかけ声） バア（いないイナイばあ）
要求		チョーチャー（頂戴）	
トイレなど		チー（おしっこ）	

注）一語発話期の最初の約3ヶ月間に継続的に使われた（少なくとも10日以上観察された）語を記載。

図3.2 日誌研究の例（綿巻, 1996）

3. 子どもの記録の書き方

(1) 子どもの発達の記録の書き方

まず，名前，家族構成，観察時の年齢などを書く。家族構成は，核家族または三世代同居などの記録にとどめておく。きょうだいがいる場合はきょうだいの性別，年齢，学年も記録する。プライバシー保護のため，内容に直接必要のない事柄はレポートや論文に書かないように工夫する。

【記述例】
A児（女児），核家族で両親の他に小2の姉の4人家族。生活年齢1歳から1歳8ヶ月の間に1ヶ月に1回家庭訪問をしてビデオ撮影した（発達検査等を実施する場合，誕生日は検査用紙には記入するが，レポートや卒業論文等の提出時にはプライバシー保護のため書かない）。

(2) 発達検査，知能検査の結果の書き方
①発達検査の概要
乳幼児期によく使われる発達検査は，「新版K式発達検査2001」「津守・稲毛式乳幼児精神発達質問紙」「遠城寺式・乳幼児分析的発達検査法」などである。新版K式発達検査2001は乳児期からの個別検査が可能であり，津守・稲毛式乳幼児精神発達質問紙では乳幼児期の子どもの行動のうちで出現しているものに母親が3件法で回答する質問形式であり，簡便である。遠城寺式・乳幼児分析的発達検査法は検査者が直接観察した結果に基づいて子どもの行動を評定する。

②縦断的観察の場合の発達検査の書き方
縦断的観察を行っている場合に並行して発達検査を実施する場合がある。たとえば，卒業研究において，家庭訪問して母子遊びのやりとりのインタラクション分析のテーマである1組の母子を対象に生後1歳〜1歳8ヶ月までの8ヶ月間の縦断的観察をビデオ撮影によって行動記録を行い，並行して定期的に発達検査も行う場合を想定する。発達検査を実施する場合には，特に発達に問題がなければ開始時（この場合1歳時）に1回目を行って，次回は1歳6ヶ月，2歳などの発達の節目にあたる時期に実施する。乳児期の場合，新版K式発達検査2001を生後3ヶ月，生後6ヶ月等に3ヶ月間隔で実施するのが適当である。同じ日にビデオ撮影と発達検査の両方を実施するのは乳児では体力的に無理である。そのため，発達検査はビデオ撮影した日とは別の日に訪問して実施するのが望ましい。

発達検査は，実施の前に研修を受けたり指導者について十分な練習をする，また，実施にあたっては保護者の同意を得る必要がある。発達検査を実施した結果については保護者に必ず伝えるが，その場合にはDQなどの数字だけでなく，検査を実施していて気づいたことや発達に関するアドバイスなどを話す。次に，自宅でビデオテープ録画映像による行動観察と並行して発達検査を行った場合の例を挙げる。

【事例（架空事例）】
ある女児の1歳〜1歳8ヶ月の間の母親との遊び場面の縦断的観察を行った。1ヶ月に1回家庭訪問して遊び場面をビデオテープ録画し，これを縦断的観察記録とした。発達検査としては1歳時と1歳6ヶ月時に新版K式発達検査2001と津守・稲毛式乳幼児精神発達質問紙（1〜3歳）を同時に実施した。発達検査の記述例を表にまとめた（表3.1）。

【縦断的観察記録と発達検査の記述例】
A児の生活年齢が1歳時と1歳6ヶ月時に「新版K式発達検査2001」と「津守・稲毛式乳幼児精神発達質問紙（1〜3歳用）」を実施した（表3.1）。

表3.1　A児の1歳時と1歳6ヶ月時の発達検査の結果（架空事例）

発達検査	生活年齢	発達年齢	発達指数
新版K式発達検査2001	1歳	1歳	100
津守・稲毛式乳幼児精神発達質問紙（1〜3歳）	1歳	1歳1ヶ月	108
新版K式発達検査2001	1歳6ヶ月	1歳4ヶ月	89
津守・稲毛式乳幼児精神発達質問紙（1〜3歳）	1歳6ヶ月	1歳4ヶ月	89

③横断的観察の場合の発達検査の書き方
同年齢の乳児に対してプレイルーム内で実験条件を設定して，行動観察を実施する横断的研究において，プレイルームに隣接した心理検査室で発達検査を実施する場合がある。

【事例（架空事例）】

　1歳3ヶ月～1歳6ヶ月の乳児とその母親を対象として，母子の愛着行動の観察をプレイルーム場面で実施した。対象は，ある母親サークルで愛着研究を行うという趣旨を話して参加に同意した14組の母子である。観察に先立って，発達検査を実施した（いずれの場合も，誕生日は記載せず，月齢のみを表示している）。

【横断的観察記録の例（表3.2は架空事例）】

　1歳3ヶ月～1歳6ヶ月の男女14例を対象として津守・稲毛式乳幼児精神発達質問紙と新版K式発達検査2001とを実施した（表3.2）。

表3.2　対象児の発達検査結果（架空事例）

事例番号	対象児	性別	生活年齢	発達年齢	
				津守・稲毛式	新版K式発達検査2001
1	A	男	1：5	1：5	1：5
2	B	男	1：5	1：8	1：7
3	C	男	1：4	1：6	1：6
4	D	男	1：4	1：5	1：5
5	E	男	1：3	1：5	1：5
6	F	男	1：4	1：4	1：4
7	G	男	1：5	1：4	1：5
8	H	男	1：6	1：5	1：6
9	I	男	1：3	1：5	1：3
10	J	男	1：4	1：4	1：4
11	K	女	1：5	1：6	1：6
12	L	女	1：6	1：7	1：6
13	M	女	1：3	1：3	1：4
14	N	女	1：4	1：5	1：5

4．行動記録の手順と方法

(1) 場面の設定

　あらかじめ設定した指標を観察するために適切な場所や場面を選ぶ。自然観察であるか実験室での実験場面であるか，プレイルームなどの準自然場面であるかなどを考慮して設定する。子どもの家庭で観察する場合は，子どもの慣れている場面でなるべく自然な行動を記録できるようにする。

(2) 使用した玩具や課題の記録

　観察時に使用した玩具，カード，課題を記述する。家庭で観察する場合，家庭で使用している玩具をそのまま用いながら持ち込んだ玩具も併用する場合が多い。レポートや卒論でまとめるときには持ち込んだ玩具の写真などをつけるとわかりやすい。

(3) VTR等撮影の手順，方法

①家庭の場合の手順と教示等

　(ア)時間：訪問するのに都合のよい時間を聞いてそれに合わせて訪問する。撮影は30分程度とする。機材や他者に慣れるまでに30分程度はかかるので，その時間も見込んでおく。

　(イ)場面：乳児と母親との2人だけの場面が望ましい。他の家族が室内に入らないようにす

る。広すぎない部屋で，そして，ビデオ撮影のための採光も考慮して明るい部屋を選ぶ。観察に使用する玩具等は観察の目的にもよるが，家庭で日常よく使う玩具を観察場面にそのまま用いる場合もあれば，あらかじめ決めた玩具（絵本，積木等）を持ち込んで，対象母子がそれを使って遊ぶ場面を観察する方法もある。

（ウ）教示：通常，母子には日常どおりの言動でよいことを教示する。また，研究計画や観察の設定条件によっては，持ち込み玩具を使って遊ぶことや絵本の特定なページを読むように教示する場合がある。卒業論文等にまとめるときには家庭での観察の見取り図などがあるとわかりやすい（図3.3）

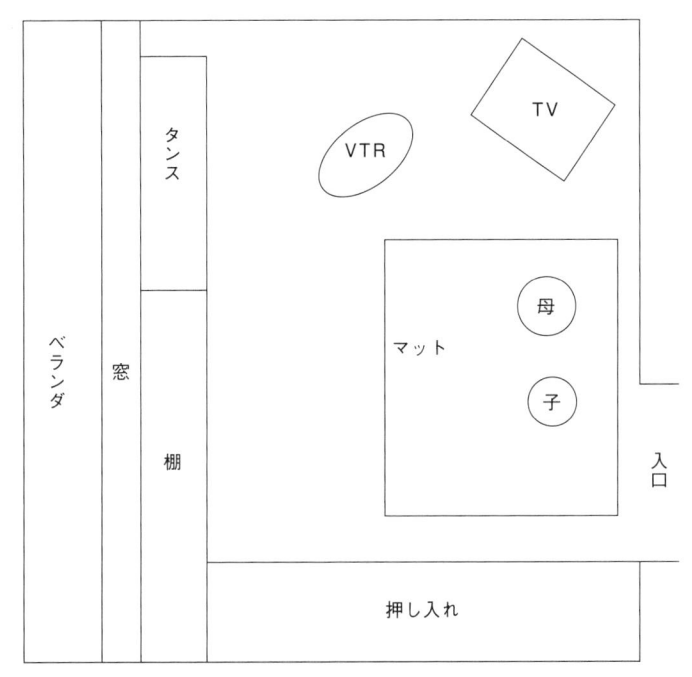

図3.3　家庭内の見取り図（10畳・洋室）

②プレイルームや観察室への来所の場合の手順と教示等

プレイルーム場面は，子どもにとっては新しい見知らぬ場面であり，子どもが本来の自然な行動ができるようになるまで時間がかかる。観察者は子どもの行動を引き出せるように努める。子どもが慣れるまでに観察者が少し遊ぶなどの相手をすることは必要であるが，最小限度にとどめて，母子が自由に自然に遊んだりかかわりができる状態になるまで待ってから撮影する。

（ア）時間：プレイルーム等への来室は乳幼児の心身の状態の良い時間が望ましい。乳幼児の場合は体調やきょうだいのスケジュール等を考慮する。

（イ）場面：家庭場面に比べて実験場面や観察の条件統制を行いやすい。対象母子が来室する前に事前に十分な点検を行っておく。観察で使用する玩具や課題，カード類の配置や点検，VTR録画の設備がプレイルームにある場合は試し録画，音声の確認をしておく。空調，採光も確認しておく。観察中にはプレイルームや観察室に他者が入室しないように「使用中」の札などを掛けておく。

（ウ）教示：家庭場面と同様である。

【観察状況の記述例】
　観察状況：各対象母子に対して，プレイルーム内で15～30分間自由遊びをする場面を設定し，この間の母子行動をビデオテープに録画した。プレイルーム内での行動の教示は，母親に対して日常の家庭場面で行っている子どもとのやりとりのままの言動でよいとした。

【家庭場面での記述例】
　対象母子の自宅の一室で行った。この部屋は母子が日頃，遊ぶときに最もよく使っている部屋である。母子遊びに関しては，母親に対して日常の家庭場面で行っている子どもとのやりとりのままの言動でよいことを教示した。ビデオ撮影時には，母子の動きに応じて室内を移動した。

（4）転写記録（トランスクリプト）の書き方
①転写記録の作成
　言語と動作を撮影時間に沿ってすべて書き出す。ビデオテープにはタイマーを入れておく。ビデオテープを再生しながら次の例のような記録用紙に書き出していく。不明な部分は繰り返し再生して母子の言語行動と動作を書き出す。これを転写記録とする。

【転写記録の記述例】
　ビデオテープの録画映像から母子自由遊びの連続場面15分間を抽出した。はじめの2分間と終わりの3分間を除いた連続したやりとり部分15分間を選び，そこでの母子の発声，発話をすべて転写した。転写記録をもとにして，評定者2名がビデオテープを再生視聴しながら分析資料を作成した（図3.4）。

時間	母親		子ども	
	母親の言葉	母親の動作	子どもの言葉	子どもの動作
0分0秒				
1秒				
2秒				
3秒	「ほら」	A児の前にボールを転がす	アー	転がってきたボールを見て，取ろうとするが，やめる
4秒			アーアー	大きい方のボールを見つけて拾い上げる
5秒				
6秒		（以下，略）		

図3.4　転写記録用紙とその記入例

②エピソードの分け方
　分析資料の中から母子間のやりとりが生起して1つのまとまりある遊びの部分を取り出して1エピソードとする。次に，各場面のエピソード数を集計する。エピソードの内容やエピソードに用いられた玩具を集計する場合もある（表3.3）。

表3.3　エピソードの分け方の例（女児：1歳5ヶ月）

時間	母親の言語・動作	子どもの言語・動作
0分05秒		部屋の隅に向かって歩きながら、ボールを壁へ投げる。はね返ったボールを両手で拾う。
0分10秒	エピソード	「ばぁー」と拾ったボールを持ち、母の方へ向かって歩きながら、ボールを投げる。
0分13秒	「あ，いててててて。いてて。ど〜ん。（笑いながら）」と言いながら，A児にボールを投げ返す。	①
0分18秒	②	「ばぁー」と投げ返されたボールを追う。
0分23秒		ボールにつまずき，しりもちをつく。ボールを追って，机の下へともぐる。

＊点線で囲んである部分がエピソードにあたる

5. 実践事例（卒業研究で行った複合事例）

ある女児の1歳〜1歳8ヶ月の間の母親との遊び場面の縦断的観察を家庭場面で行った記録例である。なお，内容は一部上記と重複している。

Ⅰ．はじめに：略
Ⅱ．目的：略
Ⅲ．方法
　1．対象と場面
　（1）対象と観察期間
　核家族のA児（女児，第一子）1名とその母親を対象とした。A児の生後1歳から1歳8ヶ月の間の9ヶ月間の縦断的観察を行った。観察は対象児の生まれた日±3日以内で実施した。
　2．観察場面
　（1）場面
　観察期間中は1ヶ月に1回，家庭訪問を行って母子の自由遊び場面をビデオテープに録画してこれを縦断的観察記録とした。毎回，午前10時に訪問して，挨拶や準備の後，午前10時30分〜10時50分までの20分間の母子の行動を撮影した。
　（2）教示
　毎回，同じ玩具を持ち込んでそれを用いて遊ぶように求めた（玩具の一覧表と写真：略）。家庭にあった玩具を使用して遊んだ場合はそのままにした。母子には日常のやりとりそのままでよいことを求めた。
　（3）観察場所
　毎回，対象児の自宅の一室で行った。母子が日常，最もよく使う部屋であった。
　（4）遊びに用いた玩具　毎回，持ち込み玩具として「Activity Center」「アンパンマン」「ボール」を家庭に持参した。これに加えてA児の家庭にあった「ガラガラ」も毎回，使用した。

3. 発達検査の実施

発達検査は1歳時と1歳6ヶ月時に新版K式発達検査2001と津守・稲毛式乳幼児精神発達質問紙（1～3歳）を同時に実施した。発達検査はビデオ撮影を行った日とは別の日に訪問して実施した。実施にあたっては，新版K式発達検査2001の場合は，母親同席のもとで行った。また，「津守・稲毛式乳幼児精神発達質問紙」では母親に渡して記入するよう求めた。発達検査の結果を示す。

Ⅳ. 分析方法

1. 転写記録の作成
略：記述例を参照

2. 分析資料
転写記録をもとに開始と終了を除いて連続場面15分間を抽出して分析資料とした。第1回～第9回の各回についての分析資料を作成した。

3. エピソード分け

各場面で，母子間のやりとりが生起した場合を1つのまとまりある遊びとして，1エピソードとした。

次に，各場面のエピソード数を集計した。エピソードの時間数と，エピソードの内容，エピソードに用いられた玩具を集計した。

(1) エピソードの開始と終了

エピソード開始の判断は，母親または子どものいずれかが玩具を用いて働きかけ，その働きかけに対して母親または子どものいずれかが反応を示して遊びが生起した場合と，母親が子どもの方へ手を伸ばしたり，指さすなどの明確な働きかけをした場合とした。

エピソードの終了の判断は，遊んでいた玩具を変えた場合，母親または子どものいずれかが撮影者やビデオカメラなどに視線を向けた場合，母親子どものいずれかが中座するなどした場合とした。

1エピソード内の母子のやりとりの回数をターン数とし，各場面のエピソードごとにターン数を集計した。

(2) エピソードの類型

エピソードの開始と終了を次の4類型に分け，エピソードパターンとした。子どもから始まり母親で終わった場合を「子ども開始母親終了型」，母親から始まり子どもで終わった場合を「母親開始子ども終了型」，子どもから始まり子どもで終わった場合を「子ども開始子ども終了型」，母親から始まり母親で終わった場合を「母親開始母親終了型」とした（表1）。

表1 第9場面（1歳0ヶ月）における各エピソードの使用玩具とパターン

エピソード番号	エピソード内容	エピソードのパターン	ターン数
9-1	ボールを母子交互に回す	子開始母終了	2
9-2	アンパンマンを叩く	子開始子終了	1
9-3	ボールを母子交互に回す	母開始子終了	1
9-4	アンパンマンをつかむ	母開始子終了	9
9-5	イヌとクマを動かそうとする	母開始子終了	7
9-6	音ボタンの鐘をならそうとする	子開始母終了	3
9-7	タンバリンのリボンを持ってならす	子開始子終了	4
9-8	子どもがボールを母親に渡す	母開始子終了	7
9-9	タンバリンを子どもが母親に渡す	子開始子終了	4
9-10	ルーレットを回す	子開始母終了	9
9-11	子どもがボールを母親に渡す	母開始子終了	1
9-12	子どもがボールを母親に渡す	母開始子終了	5

子開始母終了：「子ども開始母終了型」の略
母開始子終了：「母親開始子ども終了型」の略
子開始子終了：「子ども開始子ども終了型」の略
母開始母終了：「母親開始母親終了型」の略

6. 子どもの行動をどのようにまとめるか

　タイムサンプリング法（時間見本法）では，決められた時間内にその行動の生起の有無または回数を数える。たとえば，15秒間の間に「強く抱きしめる」が2回出現すれば，その回数もしくは出現の有無を記録する。しかしこの方法では行動を量的に把握できても，質的な把握をするには不十分である。母親から子どもへの愛情の深さの指標を設定する場合，2回抱きしめる行動と10回抱きしめる行動とでは愛情の深さは異なるのであろうか。また，抱きしめる回数を指標とする他に，たとえば，視線を向けることや話しかけること，傍に近寄ること，などが指標として考えられる。たとえ回数は少なくても，深い愛情を示す行動もあるのではなかろうか。親子の日常の何気ないやりとりの中の多くの行動を観察しながら，その行動がどのような意味をもっているのかを考察しておく。適切な指標の選択と前後の文脈の中での意味づけが重要である。

付　記

　本章の卒業論文の架空複合事例は，中部大学人文学部心理学科の複数の卒業論文をもとに組み合わせて作成し，卒業論文作成者の了解のもとに掲載している。内容に影響しない範囲で細部を変更している。記して深謝する。

文　献

綿巻　徹　(1996)．ことばとコミュニケーションの発達　河合優年・松井惟子(編)　看護実践のための心理学　メディカ出版　p.321.

山田洋子・中西由里　(1983)．乳児の指さしの発達　児童精神医学とその近接領域, **24**(4), 239-259.

索　引

あ
IC レコーダー　75
意識する・議論する段階　55
1／0 サンプリング　13
イベント・サンプリング法（event sampling）　14
インテーク面接　84
MD　75
Erikson, E. H.　87, 88
岡本祐子　87

か
下位カテゴリー　71
χ^2 検定　42
学術論文　44
仮説　38, 51
　　――検証型の研究　38
　　――検証研究　51
　　――生成型の研究　38
　　――生成研究　51
カセットテープ　75
カテゴリー化　71
川喜田二郎　71
観察
　　――エリア　27
　　――カテゴリー　14, 28, 33
　　――形態　11
　　――研究　90
　　――時間　12
　　――指標　92
　　――者のポジション　26
　　――手法　12
　　――単位　30
　　――データ　38
　　――テーマ　24
　　――場所　26
　　――範囲　26, 27
　　――法　8
　　　自然――　9
　　　実験的――　10
　　参加――　11
　　　　――法　12, 16
　　　　非――　11
Kernberg, O. F.　83
キーワード　56
聞き方の工夫　67

基本的な態度　68
共同研究　56
記録時間　12
記録用紙　30, 66
クライエント　49
グループ研究　56
クロス表　43
KJ法　71
結果　44
行動観察　85
行動記録　94
個性記述　85
小平英志　59

さ
時間見本法　12
自己紹介　62
事象見本法　12, 14
質的データ　10
　　――の意義　90
質問項目　60
シナリオ　62
社会的・学問的な意義　56
謝礼　76
自由回答データ　71
自由記述式の記録用紙　30, 39
自由度　43
周辺な質問　60
受理面接　84
ジョイントインタビュー　52
上位カテゴリー　71
調べてみる段階　55
鈴木淳子　58
操作的に定義　34
素データ（raw data）　68

た
対象者　50, 58
タイムサンプリング（time sampling）　12
多変量解析　44
チェックシート　13
チェックリスト式の記録用紙　30, 40
逐語録　86
知能検査　93

中心的な質問　60
鳥瞰図式の記録用紙　32, 42
調査
　　――の実行可能性　58
　　――の説明　62
　　――目的　55
追質問　61
t 検定　42
データ整理用チェックシート　42
データの統計的処理　42
デモグラフィック変数　61
転写記録　96
統計的仮説検定　44
統計的手法　42
閉じられた質問（closed question）　62
トランスクリプト　68, 75

な
中澤　潤　8
中西由里　91
西田裕紀子　59

は
発達研究　90
発達検査　93
非言語的な情報　86
表題　56
病態水準　83
開かれた質問（open question）　62
ひらめき・直感の段階　55
プライバシーへの配慮　75
プレゼンテーション　75
プロトコル　86
分散分析　42
ポイントサンプリング　14
法則定立　85
方法　44

ま
面接　49
　　――結果の文章化　76
　　――者　50
　　――者（セラピスト）　81

索引

　　──資料　64
　　──の準備　65
　　──法
　　　会場──　52
　　　個人──　52
　　　集団──　52
　　　訪問──　52
　　構造化──　51
　　　半──　52
　　　非──　52
　　調査的──　49

　　──法　49
　　臨床的──　49
　　臨床──　81
　目的　44
　モデル　74
　問題　44
　　──意識　54

や
　山田洋子　90, 91
　予備観察　25

　予備面接　66

ら
　来談者（クライエント）　81
　ラポートの形成　62
　ランダムサンプリング　58
　レポートの作成　44

わ
　綿巻　徹　92

[著者一覧]（五十音順，＊は編者）

内田裕之（うちだ・ひろゆき）
現職：東海学院大学教授
担当：第3部第2章

小平英志（こだいら・ひでし）
現職：日本福祉大学子ども発達学部教授
担当：第2部第2章・第3章・第6章

戸田裕美子（とだ・ゆみこ）
現職：愛知学院大学，愛知淑徳大学非常勤講師
担当：第3部第1章

西口利文（にしぐち・としふみ）＊
現職：大阪産業大学教養部教授
担当：第1部第2章（共著）・第5章・第7章

西田裕紀子（にした・ゆきこ）
現職：国立長寿医療センター老年学・社会科学研究センターコホート連携推進研究室長
担当：第2部第1章（共著）・第4章（共著）・第5章

松浦　均（まつうら・ひとし）＊
現職：三重大学教育学部教授
担当：序，第1部第1章・第2章（共著）・第3章・第4章・第6章

武藤（松尾）久枝（むとう〔まつお〕・ひさえ）
現職：中部大学現代教育学部教授
担当：第2部第1章（共著）・第4章（共著），第3部第3章

心理学基礎演習 Vol.3
観察法・調査的面接法の進め方

2008年10月20日　初版第1刷発行	定価はカヴァーに表示してあります。
2019年 9月13日　初版第7刷発行	

　　　　編　者　　松浦　均
　　　　　　　　　西口利文
　　　　発行者　　中西　良
　　　　発行所　　株式会社ナカニシヤ出版
　　〒606-8161 京都市左京区一乗寺木ノ本町15番地
　　　　　　　　　Telephone　075-723-0111
　　　　　　　　　Facsimile　075-723-0095
　　　　　　Website　http://www.nakanishiya.co.jp/
　　　　　　E-mail　　iihon-ippai@nakanishiya.co.jp
　　　　　　　　　郵便振替　01030-0-13128

装丁＝白沢　正／印刷・製本＝ファインワークス
Printed in Japan
Copyright © 2008 by H. Matsuura & T. Nishiguchi
ISBN978-4-7795-0290-3

◎本書のコピー，スキャン，デジタル化等の無断複製は著作権法上での例外を除き禁じられています．本書を代行業者等の第三者に依頼してスキャンやデジタル化することは，たとえ個人や家庭内での利用であっても著作権法上認められておりません．

心理学基礎演習シリーズ 好評既刊書

Vol.1 心理学実験法・レポートの書き方

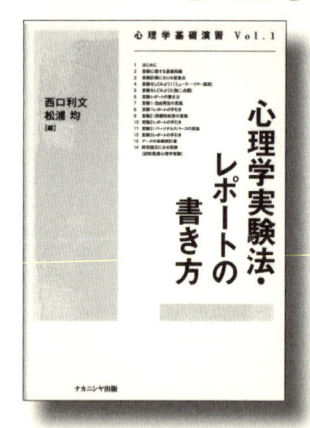

西口利文・松浦 均［編］

● **基本手続きや心得を体験して身につけよう！**

8名程度を1グループとして心理学の実験法を体験的に学ぶための実習用テキスト。基本的な手続きや心得、レポートを書く際の留意点などを具体的に解説。ミューラー・リヤー、触二点閾、自由再生ほか、可能な限り仲間を募って実際にやってみよう！

編者紹介
西口利文（にしぐち・としふみ）大阪産業大学教養部准教授
松浦 均（まつうら・ひとし）三重大学教育学部教授

ISBN978-4-7795-0237-8　B5判・130頁・並製　● 本体 2,200円

Vol.2 質問紙調査の手順

小塩真司・西口利文［編］

● **読んで試してしっかり学ぶ、質問紙法のコツ。**

質問紙を作成して、調査を実施し、その結果を分析をして、研究をまとめるまで——。質問紙法の基本的な考え方をふまえ、尺度項目の作成法、調査の依頼・実施における注意点、データの入力、分析・考察の仕方から研究者倫理まで、具体的にすべての手順を解説！

編者紹介
小塩真司（おしお・あつし）早稲田大学文化構想学部准教授
西口利文（にしぐち・としふみ）大阪産業大学教養部准教授

ISBN978-4-7795-0200-2　B5判・140頁・並製　● 本体 2,200円

Vol.5 心理検査の実施の初歩

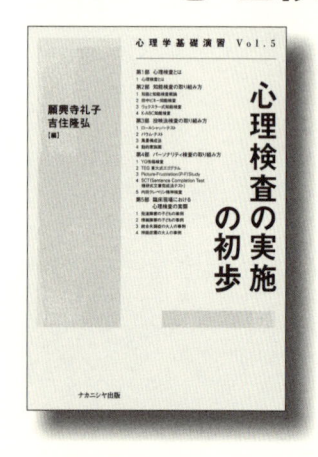

願興寺 礼子・吉住 隆弘［編］

● **基礎を学んで体験してふれる、専門家の技法**

知能検査、投映法検査、パーソナリティ検査など、代表的な検査の概要・実施法・事例・実習のしかたを、徹底的に基礎にこだわりながら解説。実際にやってみることで臨床家の世界にふれ、プロとしてあるべき姿勢も学ぶ。

編者紹介
願興寺礼子（がんこうじ・れいこ）　中部大学人文学部教授
吉住隆弘　（よしずみ・たかひろ）　中部大学人文学部准教授

ISBN978-4-7795-0387-0　B5判・212頁・並製　● 本体 2,600円